참다운 인생을 위한
21가지 삶의 지혜

참다운 인생을 위한 21가지 삶의 지혜

발행일	2023년 4월 7일

지은이	박윤수		
펴낸이	손형국		
펴낸곳	(주)북랩		
편집인	선일영	편집	정두철, 배진용, 윤용민, 김부경, 김다빈
디자인	이현수, 김민하, 김영주, 안유경, 최성경	제작	박기성, 황동현, 구성우, 배상진
마케팅	김회란, 박진관		
출판등록	2004. 12. 1(제2012-000051호)		
주소	서울특별시 금천구 가산디지털 1로 168, 우림라이온스밸리 B동 B113~114호, C동 B101호		
홈페이지	www.book.co.kr		
전화번호	(02)2026-5777	팩스	(02)3159-9637

ISBN	979-11-6836-810-1 03190 (종이책)	979-11-6836-811-8 05190 (전자책)

(주)북랩 성공출판의 파트너

북랩 홈페이지와 패밀리 사이트에서 다양한 출판 솔루션을 만나 보세요!

홈페이지 book.co.kr • **블로그** blog.naver.com/essaybook • **출판문의** book@book.co.kr

작가 연락처 문의 ▸ ask.book.co.kr

작가 연락처는 개인정보이므로 북랩에서 알려드릴 수 없습니다.

일상 속에서 실천하고 즐기며 나눔을 배우다

참다운 인생을 위한
21가지 삶의 지혜

박윤수 지음

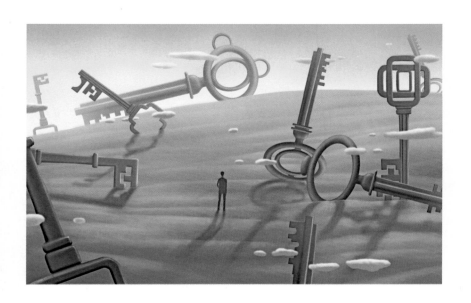

북랩

들어가는 말

삶이란 살아 숨 쉬고 움직이는 동안 일상에서 찾아오는 고통과 고뇌를 이겨내면서 즐거운 마음으로 자신의 꿈과 희망을 일궈 나가는 과정이다. 19세기 후반부터 21세기 현재까지 삶의 현장은 숨 가쁘게 많이 변해왔다. 마차가 자동차를, 비행기가 우주선을, 아날로그가 디지털을 이기지 못하는 4차 산업혁명 시대까지 도래했다. 그래서 감성적이고 정서적으로 해결할 수 있던 사소한 문제들도 이제는 인공지능을 갖춘 최첨단기기로 경제적·물질적 이익이 있어야만 해결되는 물질만능주의 시대로 변해가고 있다. 앞으로 우리 앞에 놓인 크고 작은 문제들을 어떻게 해결하는 것이 정말 올바르고 정당한 방법인지 많이 고민하면서 행동해야 할 때이다. 인간의 꿈과 희망은 자신에게 주어진 여건과 과학기술 발전의 속도에 따라 목표치 설정에 상당한 차이가 발생하고, 삶의 과정에 느끼는 고통·고뇌 또한 천차만별이다. 그렇지만 누구든지 평생 원대한 목표치를 설정하고 무한한 열정으로 매일 끊임없이 도전하고 또 도전해야만 원하는 적절한 시점에 자신의 꿈과 희망을 이룰 수 있다.

인간은 선조와 부모의 은혜를 입고 이 세상에 태어나 각자 다른 나만의 방법으로 올바르고 참다운 꿈과 희망을 평생 찾아간다. 보통사람의 꿈과 희망은 일상 속에서 소소한 즐거움과 행복을 느끼며 현재보다 더 나은 환경으로 자유롭고 풍요로운 삶을 찾아가는 것이다. 즉, 우리는 현재의 학력·지위·생활수준 등을 훨씬 좋은 방향으로 업그레이드시키기 위해 밤낮으로 노력한다. 누구든지 일상 속에 놓인 어렵고 힘든 여건에서 인내와 끈기, 규칙적 생활양식을 기반으로 자신이 설정한 아름다운 꿈과 희망을 성취하기 위해 건강한 육체와 건전한 정신으로 현재를 즐기며 나눔을 배워나가는 것이다.

필자는 이런 삶의 과정 중에 자주 일어나는 일상의 갈등, 무지, 욕심, 자만 등을 원만히 해결하고 자연과 함께 살아가는 데 도움이 되는 명언(名言), 고언(古諺)들에 대한 유래를 찾아보고, 취미로 시작한 서예와 묵화로 그린 그림을 세항에 삽화로 넣어 즐겁고 행복한 삶의 지혜를 풀어봤다. 독자들이 이 책을 통해 몇몇 항목에 대해 공감하여 매일 배우고 생각하고 모방하고 열심히 실천한다면 자유롭고 평온한 삶을 마음껏 즐길 수 있을 것이다.

2023년 4월

弌人 朴允洙

차례

I 기획하고 실천하는 방법을 찾아가는 삶

II　현재를 즐기고 나눔을 배우는 삶의 지혜

III　올바르고 참다운 삶의 시작과 끝

I

기획하고 실천하는
방법을 찾아가는 삶

한 가지에 집중하면
못 이룰 것이 없다

4차 산업혁명 시대에는 정보통신기술(ICT)과 융·복합 인공지능(AI), 대화 전문 인공지능 챗봇(ChatGPT), 가상현실(VR), 사물인터넷(IoT), 자율주행 자동차, 로봇, 드론 등이 초연결, 초지능, 초연합되어 폭넓은 범위로 많은 것이 눈 깜짝할 사이에 변한다. 우리는 삶, 직업, 취미 등에 대한 다양하고 수많은 정보를 자신의 목표와 적절히 접목시켜가면서 꿈과 희망을 성취하기 위해 끊임없이 노력하고 있다. 현존하는 세상에는 신이 아닌 이상 학자, 정치인, 과학자, 예술가, 연예인, 스포츠인, 전문가 등 모든 분야를 섭렵하는 사람은 결코 존재하지 않는다. 그래서 우리는 청소년 시절부터 자신이 잘할 수 있는 분야를 선택해서 필요한 학문·기술·기능 등을 계획적, 집중적으로 연마해야 그 분야에서 크게 성공할 수 있다.

참다운 인생을 위한 21가지 삶의 지혜

인간은 자신이 생존해 있는 백 년 이내 각 분야에서 최고가 되기 위해 열정과 성의를 다한다. 누구든지 자신이 태어난 위치에서 정체되거나 추락하지 않고 현재보다 좀 더 나은 위치로 나아가기 위해 한평생을 저마다 매 순간 최선의 길을 선택하며 살아간다. 그러나 최선의 길을 선택하는 일이 결코 쉽지 않다. 모든 사람이 삶의 과정에서 많은 지식, 지혜, 경험 등을 통해 올바른 길을 선택하는 방법을 배우려 온 정열을 바치지만 모두 성공하는 것은 아니다. 자신이 어느 길을 선택하느냐에 따라 주변 환경과 다양한 경우의 수로 인해 성공과 실패를 거듭 반복하면서 앞으로 조금씩 발전해나가기 때문이다. 그러므로 우리는 실패를 두려워하지 말아야 하고, 자신의 수준에서 최선의 길을 선택한 것을 결코 포기해서는 안 된다.

천재가 아닌 보통사람이 너무 이상적인 목표치나 자신의 분수에 넘치는 과욕을 부려 능력을 벗어나는 높은 목표치를 설정하는 것은 자신의 몸과 마음을 해친다. 보통사람은 무엇이든 자신의 현 위치를 잘 파악하여 세계 정상의 길을 선택하기보다 지금보다 50~150% 이상 좋아진 환경으로 나아갈 수 있는, 자유롭고 평화로운 길을 선택하는 것이 바람직하다. 이들이 한 단계씩 자신의 위치를 높여가는 데 온 정신을 집중한다면 언젠가는 자신과 가족, 넓게는 조직과 국가, 세계가 바라는 꿈과 희망은 반드시 이루어진다. 아주 작은 물방울을 한곳에 집중적으로 수십 년간 떨어뜨리면 바위가 쪼개지듯이 말이다. 누가 우리의 미래를 예측하겠는가? 누구든지 지금보다 훨씬 좋은 행복한 삶의 길로 나아가는 과정에 나타나는 고통과 고뇌를 슬기롭게 인내와 끈기로 이겨내고 근면성실한 자세로 최선을 다하면 자신의 목표치를 넘어서서 국내외에 큰 이름을 남겨 당당하게 최고 정상에 우뚝 솟아 있을지 아무도 모르는 것이다.

유명한 발명가 또는 장인, 예술가들이 자신의 일에 집중하다 보면 공동체 생활이나 금전관계에 둔감하여 간간이 타인으로부터 미련하고 바보 같다는 얘기를 듣거나 웃음거리가 되기도 한다. 그러나 시간이 흘러 세월이 지나면 이들이 집중했던 일로 다른 사람이 성취한 것보다 월등히 우수한 결과물을 만들어낸 것을 알 수 있다. 이것은 삶의 현장에서 일어나는 복잡하고 혼탁한 일상생활을 벗어나 깨끗하고 순수한 자신 내면의 참모습을 찾아 전문 분야에 남보다 더 많이 열정과 노력을 기울였기 때문에 가능한 것이다. 평범한 보통사람도 학자, 정치, 경제, 기술, 예술, 스포츠, 종교 등 다양한 삶 속에서 자신이 원하는 어느 한 분야에 흠뻑 취해 열정을 갖고 집중한다면 평생 행복하고 평화로운 생활을 즐겁게 지내는 데 큰 지장이 없을 것이다.

우리가 어떤 큰 목표치를 추진할 때 작은 일부터 차근차근 하나씩 성취해나가면 이런 성취물이 모이고 모여 큰 성공으로 이어진다. 그러므로 자신의 위치나 수준에서 설정한 목표가 아무리 보잘것없는 것일지라도 주눅들거나 타인의 이목에 신경 쓸 필요 없이 끊임없이 정신을 한곳에 집중하여 추진해야 한다. 보통사람이 묵묵히 쉬지 않고 성실한 자세로 자신의 길을 위해 한 가지라도 기획하여 실천하고 행동으로 옮기는 것이 많은 지식을 갖고 실천하지 않으며 똑똑하고 유식한 체 말만 많이 하고 미사여구로 말장난하는 것보다 훨씬 나은 것이다. 즉, 작은 일일지라도 정신을 통일시켜 깊이 생각하고, 모방하고, 수시로 배우고, 개선하면서 행동으로 옮겨 자신의 몸에 익숙해지도록 노력하는 것이 올바른 삶의 자세이다. 결국 보통사람이 평생 일궈낸 작은 성과물은 간간이 유사한 업무 또는 과제를 수행하는 사람들에게 모범사례로 남아 선도적이고 중요한 역할을 하는 것이다.

정신일도하사불성은 중국 송나라 주희(朱熹)와 그의 문인들이 나눈 질의응답을 채집한 『주자어류』 권8 중 "양기가 발한 곳은 쇠와 돌도 또한 뚫으니 정신을 한곳에 모으면 어떤 일인들 이루지 못하

랴.(陽氣發處 金石亦透 精神一到 何事不成)"라는 어원에서 나왔다. 주희(1130~1200)는 평생 학문에 전념하여 선대 학자들의 학문을 집대성하고 유학의 새로운 계통인 성리학을 성립하였다. 그의 위대한 업적을 높여 주자학 또는 정주학이라고 부른다. 주자학의 핵심은 초월적이고 추상적인 개념으로 천지우주의 운행과 인간의 조화를 설명하는 이기이원론(理氣二元論)이다. 즉, 우주의 모든 물질은 이와 기라는 법칙과 원리로 이루어진다는 논리이다.

공자의 손자인 자사(BC 483~BC 402)가 지은 『중용(中庸)』에서는 "지극한 정성이면 하늘도 감동시키고 지극한 정성은 쉬지 않는 것이다.(至誠感天 至誠無息)"라고 한다. 이와 관련된 고사가 있다. 전한시대 기마술이 뛰어난 용장인 이광(李廣: ?~BC 119)이 어느 날 황혼 녘에 초원을 지나다가 어둠 속의 호랑이를 발견하고 일발필살의 신념으로 활을 당겨 명중시켰다. 그런데 호랑이가 꼼짝하지 않았다. 이상하다 싶어 그곳으로 다가가보니 호랑이 모양을 한 큰 바위에 그 화살촉이 박혀 있는 것이었다. 그는 화살촉이 바위에 박힌 것이 이상하다 싶어 제자리로 돌아와 다시 활을 당겨 쏘아보았으나 화살이 돌에 명중되는 순간 튕겨나가 떨어졌다. 이것은 죽기 살기로 정신을 한곳에 모아 온 힘을 다해 집중시켜야 어떤 일이든 성공시킬 수 있다는 것을 말해준다.

주자어류: 정신일도하사불성(예서, 매화)

배우고 익히며 함께 즐길
친구를 사귀자

인간은 태어나서 죽을 때까지 무엇이든 배우고 익혀야 한다. 학문이나 지식은 자신의 의지를 갖고 평생 배우지 않으면 급속히 변하는 시대의 흐름을 정확히 파악하지 못해 적합한 시기에 뜻을 이루기 어렵다. 청소년 때부터 목표를 설정해 관련 책들을 가까이하며 배우고 또 배워야 자신이 원하는 분야에서 꿈과 희망을 이루는 것이다. 세월은 사람을 기다려주지 않고 쉼 없이 앞으로 나아가며, 지나간 새벽이나 청춘은 다시 돌아오지 않는다. 인생은 자연의 품으로 돌아갈 때까지 오감을 통해 항상 꾸준히 배우며 실천하고 복습하면서 자신의 것으로 만들어가는 과정이다. 즉, 배운다는 것은 학교 공부만이 아니라 주변 지인 또는 선각자들의 선한 말이나 행동 등을 본받아 자신의 일상생활로 습관화시켜 마음속 깊이 간직하도록 만들어나가는 과정이다. 그래서 어떤 경우에는 어린아이들한테 배우는 것도 부끄러워하지 말아야 한다. 배움은 스승의 가르침에 대해 한 번으로 끝나는 것이 아니라 계속 반복적으로 생각하고, 널리 응용해 실천해서 자신의 것으로 만들어 평상시에 자주 활용할 수 있도록 노력해야 하는 것이다. 그래야 이를 기반으로 새로운 것을 창조해낼 수 있다. 반면에 생각만 하고 새로운 것을 배우지 않으면 생각의 폭이 좁아지고 위태롭게 된다.

우리는 자신만의 시간을 가질 수 있는 조용한 밤에 술·노래·춤 등 가무를 즐기는 대신 독서하는 습관을 갖도록 힘써야 한다. 독서를 즐기는 사람들은 밤낮으로 가무를 즐기는 사람들보다 자신의 꿈과 희망을 적합한 시기에 성취할 수 있을 가능성이 훨씬 높기 때문이다. 특히 가난에서 탈피하여 학력·지위·생활수준을 업그레이드시키고자 노력하는 사람은 중류층 또는 상류층 사람들보다 백 배, 천 배 이상 열과 성을 다해야 한다. 왜냐하면 생활에 여유가 있는 사람들은 집이나 직장 내에서 마음만 먹으면 자신에게 필요한 책을 수시로 읽을 수 있는 시간을 어렵지 않게 만들 수 있기 때문이다. 그러나 주변이 열악하고 빈곤한 상태에 놓여 있는 사람들은 사회에서 요구하는 학력을 충족시키기 위해 낮에는 일하고, 밤에는 야학을 하거나 직업에 관련된

책 또는 인터넷을 통해 관련 전문 지식을 넓혀야 한다. 또는 생활 여건이 여유로운 사람보다 야간작업을 많이 한다든가, 투잡 또는 쓰리잡을 해서라도 필요한 자금을 모으고 적정한 곳에 잘 투자해야만 조금씩 생활수준을 높여나갈 수 있다. 다시 말하자면 피와 땀을 흘리지 않고 노력 없이 복권 당첨이나 하늘에서 재물이 떨어지기를 바라는 허황된 꿈만 가지고는 결코 성공하기 어렵다는 것이다.

사자성어에 "낮에는 밭 갈고 농사짓고, 밤에는 공부한다.(晝耕夜讀)"라는 말이 있다. 즉, 힘들고 어려운 환경 속에서도 학업을 게을리하지 않는다는 뜻이다. 특히 가난한 나라 또는 가난한 집에서 태어난 고학생(苦學生)들은 스스로 일을 열심히 해서 의식주를 해결하고, 추가로 학비도 벌어야 야간학교 또는 사이버학교를 다닐 수 있다. 이런 사람들은 많은 지식보다 적은 지식 하나라도 쉬지 않고, 끝까지 포기하지 않고 꾸준히 실천으로 옮겨야 한 단계 한 단계씩 자신의 신분을 업그레이드시키며 꿈과 희망을 성취해나갈 수 있다. 누가 알아주든 알아주지 않든 자신의 자리에서 묵묵히 자신이 해야 하는 일과 타인이 해야 할 일을 잘 분리해서 자신의 과제를 성심성의껏 실천하는 방법을 배워야 한다. 그러면 주변 사람들로부터 믿음과 신뢰를 쌓아갈 수 있다. 우리의 인생은 타인의 기대를 만족시켜주기 위해 사는 것이 아니라 자신의 기대를 만족시키기 위해 살아가는 것이다. 그러므로 부모, 직장 상사, 지인 등 각 개인이 처리해야 할 일까지 너무 깊이 관여하거나 그들의 비위에 억지로 맞춰서 인정받고 칭찬받기 위해 자신의 에너지를 너무 많이 낭비하지 않도록 해야 한다. 그렇다고 주변 사람을 전혀 고려하지 않고 제멋대로 행동하라는 것은 아니다. 누구나 자신이 처리해야 하는 일은 결국 자신밖에 없다는 것을 깨우치도록 각자 노력하면서 나만이 아닌 나와 너, 가족, 사회, 인류로 구성된 공동체와 더불어 전체 이익을 위해 현실적으로 놓여 있는 어려운 환경과 고통을 참고 이겨내 좋은 환경으로 변환시키는 데 온 힘을 다하라는 것이다. 즉, 타인의 과제까지 주제넘게 떠안으려고 힘쓰는 것보다 자기 스스로 자립할 수 있는 기반 구축 과제를 우선 처리해나가는 방법을 배워야 한다는 것이다. 그리고 나서 집안을 일으키고, 넓게는 조직과 국가를 다스리는 지도자로 자수성가할 수 있도록 노력하는 것이다.

이런 배움을 기반으로 인적 네트워크를 폭넓게 구축하고, 같이 동행하며 우정을 나눌 수 있는 친구나 지인을 많이 확보하는 것이 올바른 생활양식이다. 보통사람은 평생 살면서 많은 사람을 만나고 가깝게 얘기를 나누는 사람이 모두 친구라고 착각하지만 실제로 손을 잡고 진실한 우정을 나누는 친구는 그리 많지 않다. 직장·조직사회에서 서로 밥 먹고 술 마실 때에는 형님, 아우님 하고 가깝게 지내는 것같이 행동한다. 하지만 급하고 어려운 일이 생기면 도와주는 사람은 열 손가락으로 꼽을 정도로 적다. 그래서 열 길 물속은 금방 알아도 한 길 사람 속은 오랜 시간이 지나도 잘 알지 못하는 것이다. 만약 우리가 팔십에서 백 세까지 살아온 지금 현재까지 같이 배우고 도와주고 즐길 수 있는 친구 열 명 이상과 끈끈한 우정을 나누며 살아가고 있다면 보통사람으로 잘 살아온 것이다. 힘들 때 물질적·재정적 지원을 해줄 수 있는 친구가 있으면 행복한 삶을 살아가는 첫걸음이고, 추가로 도움말을 주거나 정신적 지주 역할을 해줄 수 있는 친구가 있다면 광야에서 빛나는 금은보석을 획득한 것과 같은 것이다. 우리가 이런 올바른 생활양식을 갖고 꾸준히 성실한 생활을 유지하고 있다면 진정한 벗이 멀리서도 옛정을 잃지 않고 찾아오는 것이다. 또한 자신이 습득한, 올바른 지식을 갖고 착한 마음으로 주변 이웃을 위해 행동으로 옮기고 있다면 그 행동을 타인이 인정해주지 않는다 해도 아쉬워하거나 섭섭할 것 없이 자신의 즐겁고 행복한 삶을 꿋꿋하게 이끌어갈 수 있다.

공자(BC 551~BC 479)는 『논어』의 「학이」 편에서 "배우고 그것을 꾸준히 되풀이하여 복습하면 이 또한 기쁜 일이 아니겠느냐? 벗이 멀리서 찾아온다면 이 어찌 즐거운 일이 아니겠느냐? 비록 사람들이 나의 학문과 능력을 알아주지 않아도 결코 서운하지 않으면 이 또한 군자라 하지 않겠느냐?(學而時習之 不亦說乎 有朋自遠方來 不亦樂乎 人不知而不慍 不亦君子乎)"라고 했다.

조선의 학자 율곡 이이(1536~1584)는 『격몽요결(擊蒙要訣)』에서 "구습을 혁파하라. 한칼에 나의 못된 뿌리를 끊어버려라.(革舊習一刀決斷根株)"라고 했다. 이것은 매사를 부정적으로 생각하는 것, 담배·술·마약 행위, 게임·바둑 등 오락 풍류만 즐기는 행위, 남과 비교하면서 자신을 비관하거나 한탄하는 행위 등 인생을 방해하는 못된 습관을 가장 빠른 시간 내에 끊거나 지금 당장 잘라버리라는 것이다. 이 잘못된 습관을 없애버리지 못하면 어떤 구습도 바꿀 수 없어 새로운 나를 창조해나갈 수 없다는 것이다.

유교(儒敎)에서는 군자란 높은 도덕성을 가진 사람으로 성인과 같은 최고의 인격자를 말한다. 그래서 『논어』에서는 "군자는 말을 어눌하게 하고 행동을 민첩하게 한다.(君子欲訥於言而敏於行)"

라고 했다. 또한 군자는 "멀리서 보면 엄숙한 사람, 가까이 다가
가면 따뜻한 사람, 말을 들어보면 합리적인 사람(望之儼然, 卽之
也溫, 聽其言也厲)"이라 하였다. 이를 군자삼변(君子三變)이라 하며,
군자는 세 가지 측면에서 서로 다른 모습으로 변하는 것에 따
라 다양한 인물을 평가하여 그중에서도 외면의 엄숙함과 내면
의 따뜻함, 그리고 논리적이고 합리적인 언행을 갖춘 사람을 최
고의 단계에 이른 인물로 보는 것이다.

논어: 학이시습지 불역열호 유붕자원방래 불역락호 인부지이불온 불역군자호(예서, 산수화)

덕망 있는 사람의
말과 행동을 따라해보자

우리는 평생 많은 사람들을 만난다. 부모 형제, 친인척, 이웃, 학교 동문, 직장 동료, 국내외 사회 인사 등등. 이외에도 책이나 매스컴, 인터넷, SNS 등을 통해 간접 접촉하는 인사들을 포함하면 수없이 많다고 생각한다. 그러나 이들 중에서 나에게 올바른 조언을 해주고 참다운 삶을 살 수 있도록 인도해주는 덕망 있는 사람 또는 대중의 성인은 얼마나 될까? 우리가 이것을 한 번쯤 생각해보며 숫자를 헤아려보았을 때 손으로 꼽을 정도로 그렇게 많지 않다는 것을 알 수 있다. 2022년 12월 현재 세계 인구 80억 명 중 실질적으로 서로 눈인사나 악수를 하고 일정 기간 잠시 만났다 헤어지는 사람은 수십만, 수백만 명에 불과하다. 이 중에서도 손잡고 얼굴을 마주하며 5시간 이상 속 깊은 이야기를 나눈 사람은 더더욱 적을 것이다. 특히 우리의 아름다

참다운 인생을 위한 21가지 삶의 지혜

운 삶의 방향과 영원한 죽음을 심도 있게 고민하여 지도하고 인도해주는 사람을 자신이 살아 있는 동안 만났거나 책 등을 통해 찾았다면 하늘이 내려준 큰 축복을 받은 것이다. 그래서 우리는 간접적으로 유명 인사의 자서전 또는 종교서적 등을 통해 그들의 발자취를 모방하거나 따라 하면서 올바르고 참다운 길을 매일 찾아 나서는 것이다. 사랑과 자비를 실천으로 옮기며 자신을 희생한 예수(BC 4 추정~AD 30)나 부처(BC 563~BC 483)를 우러러 숭배하고 그들 말씀과 행동을 답습하여 타인에게 전달하는 역할을 수행하기도 한다.

성인인 예수와 부처는 권력·학력·재물·재능 등이 높고 낮음에, 많고 적음에 관계없이 모든 사람들과 동식물에게 공평하게 사랑과 자비를 베풀 것을 주문했다. 그리고 공자와 맹자(BC 372~BC 289)는 타인과의 관계에서 원만하고 어진 마음으로 상식과 사리에 맞는 말과 행동을 하고, 어질고 올바른 삶을 살아갈 것을 요구했던 것이다. 이들이 전하는 메시지에는 참다운 삶을 위해 매일 새로운 마음으로 시작할 것을 주문하고, 자연의 순리에 따라 모든 생명체에게 사랑과 자비를 공평하게 적용하는 자세를 평생 배우도록 선도하는 내용이 담겨 있다. 그래서 보통사람은 옛 성인들보다 부족한 것이 많은 사람들이지만 이들이 남긴 많은 말과 행동 중 한 가지라도 실천으로 옮긴다는 자세로 열심히 살아가야 하는 것이다. 즉, 성인의 높은 뜻을 우러러보며 올바른 길을 쫓아가려 백방으로 노력하고 행동도 따라해보지만 그들만큼 많은 것을 실천하지는 못한다. 그렇지만 우리 마음만은 그들의 올바르고 참다운 길을 바라보며 아주 작은 성인이 되겠다는 자세로 각자 맡은 일에 최선을 다하는 것이다. 이로써 우리 사회 공동체가 지속적으로 공정하고 정의로운 사회로 성장, 발전해나갈 수 있다는 믿음과 신념을 갖고 일상생활을 영위해나가는 것이다.

중국 최초의 시가집인 『시경(詩經)』에는 "높은 산을 우러러보고, 큰 길을 따라간다.(高山仰止 景行行止)"라는 말이 있다. 시경은 공자가 문하의 제자를 교육할 때 주나라 왕조의 정치적 형태와 민중의 수용 태도를 가르치고 문학·교육에 힘쓰기 위하여 편집한 유교 경전의 오경 중 하나이다. 사마천(司馬遷: BC 145~BC 86)은 공자의 학덕을 흠모하여 이 말을 논평하면서 "내 비록 그 경지에 이르지는 못할지라도 마음은 항상 그를 동경하고 있다.(雖不能至 然心鄕往之)"라고 했다. 사마천은 공자의 저술을 읽어보고 그의 사람됨을 짐작하여 알 수 있었고, 노나라에 가서 중니의 묘당, 수레, 의복, 예기를 보았다. 또한 유생들이 제시간에 그 집에서 예를 익히는 것도 보았는데, 공경심에서 그곳을 배회하며 떠날 수가 없었다. 그 당시 천하에는 군왕에서 현인에 이르기까지 많은 사람들이 있었지만 일순간만 영화를 누리고 죽으면 그만이었다. 반면에 공자는 평민이었지만 많은 세월이 지나도록 학자들이 그를 떠받들고 있다. 천자와 왕후로부터 중원에서 육예(六藝)를 말하는 사람들은 공자의 말씀을 절충하였으니 지극한 성인이라고 할 수밖에 없다고 말했던 것이다.

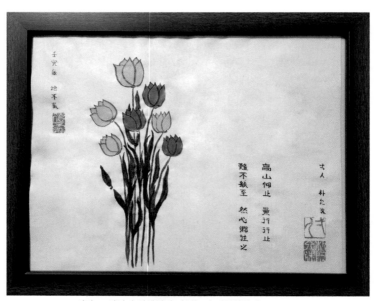

시경: 고산앙지 경행행지 난불능지 연심향왕지(예서, 튤립)

참다운 인생을 위한 21가지 삶의 지혜

아름다운 꿈과 희망을
정성껏 다듬고 닦아보자

꿈과 희망은 무한하지만 하루아침에 이루어지는 것이 아니고 유아 때부터 노년까지 하나둘씩 차곡차곡 목표치를 조금씩 성취해나가는 것이다. 우리의 꿈과 희망이 너무 높고 이상적인 것일지라도 전 생애 중 하나의 계획으로 한 번쯤은 수립해놓고 일, 월, 년 단위로 분류해 작은 목표부터 도전해보는 것이다. 그러면서 40세 전까지 자신이 일궈낸 꿈과 희망의 목표치를 면밀히 분석·점검하여 현실 앞에 놓인 가족과 자신을 지키면서 앞으로 실현 가능한 목표치를 다시 설정하는 지혜를 갖는 것도 바람직한 방법이다. 그렇지 않으면 자신의 능력과 자질로는 성취할 수 없는, 허황되고 이상적인 꿈속에 빠져 현실 속에 놓인 일상의 즐거움과 행복을 놓치기 쉽기 때문이다. 우리는 그림 같은 꿈과 희망, 높은 이상을 계획하는 것도 중요하지만 자연과 함께 지금 이 순간 살아 숨 쉬고 있음에 감사하는 마음과 소소한 행복을 느끼는 것도 매우 중요한 것이다. 이것을 느끼지 못한다면 행복하고 평화로운 시간을 많이 누리지 못하고 불안감과 조급함 속에서 불안정한 일상생활을 계속할 가능성이 높다. 힘과 정력이 왕성한 시기에는 열과 성을 다해 최선의 노력을 다하고, 어느 시점이 지나면 현재 자신의 정신적·신체적·재정적 여건 등을 다시 한번 돌아보고 현실 속의 꿈과 희망을 재정비해야 자신과 가족, 주변 이웃들에 피해를 주지 않고 이들과 어울려 즐겁고 평화롭게 행복한 시간을 보낼 수 있다. 즉, 모든 사람들이 자신의 이상적인 꿈과 희망을 모두 성취할 수 없다는 것을 빨리 깨닫는 것이 지금 현재를 즐기면서 평온하게 인생을 오랫동안 이끌어갈 수 있는 지름길이다. 잠시 머물다 가는 인간이 세상만사 모든 것을 다 알 수 없고, 다 가질 수 없고, 다 누릴 수도 없다. 따라서 우리는 주어진 여건과 환경 속에서 자신이 설정한 꿈과 희망을 작은 것부터 성취해가며 조금씩 목표치를 높여 자신이 평상시 상상하며 그려낸 아름다운 모양으로 정성껏 다듬고 곱게 갈고 닦아가며 앞으로 나아가는 것이다. 즉, 청소년 시기와 중장년 시기에는 정신적·육체적·물질적·재정적 전 분야에서 성심성의껏 열정을 다해 자신의 꿈과 희망을 위해 후회 없이 최대한 노력을 다해보는 것이다. 그리고 에너지가 고갈된 노년 시기에는 이루지 못한 이상적인 높은 꿈과 희망을 후손의 몫으로 돌리고, 현재 수준에서 많은 것을 내려놓고 단순하게 간소화시키는 방법을 찾아보는 것도 현명한 자세이다. 그러면서 지금까지 성취한 결과물은 남은 시간 동안 잘 보듬고 끌어안으며 평화롭고 아름다운, 자신만의 평화로운 천국을 만들어가는 것이다.

자연 속에 존재하는 모든 것은 자기 분수에 맞는 자리 그대로 잘 지켜야 진실로 아름다운 것이다. 못생기고 가진 것이 별로 없는 사람일지라도 학문, 인격, 도덕, 기예 등 부족한 부분을 매일 쉬지 않고 배우고 닦으며 살아간다. 인간은 자연 속에 존재하는 구름과 해, 평야와 산, 강과 바다, 나무와 풀, 기타 모든 생명체들과 같이 계절에 따라 변하는 과정을 자연스럽게 받아들이고 제 할 일에 최선을 다하며 살아가는 그 자체로 정말 아름다운 모습이다. 즉, 인간은 자연 생태계의 먹이사슬로 구성된 동식물들과 함께 우주 질서를 유지하도록 노력해야 이 지구를 평화롭고 아름답게 영원히 보존할 수 있는 것이다. 우리는 자신이 선택한 직업을 통해 설정한 아름다운 꿈과 희망을 성취하기 위해 끊임없이 많은 노력과 열정을 쏟아붓고 있다. 그러나 간혹 공정한 절차와 과정을 무시하고 결과에만 매달려 성공한 사람들의 결말은 좋지 않거니와 오래가지도 못한다. 그래서 정말 홀

룡하게 큰 성공을 이끈 사람인지는 그 사람이 삶의 과정과 절차를 얼마나 반듯하게 추진했는가에 따라 결정되는 것이다.

『시경』에 "선명하고 아름다운 군자는 뼈나 상아를 잘라서 줄로 간 것(切磋)처럼 또한 옥이나 돌을 쪼아서 모래로 닦은 것(琢磨)처럼 밝게 빛나는 것 같다."라고 나와 있다. 제자 자공(子貢)이 "이는 선생님이 말씀하신 수양에 수양을 쌓아야 한다는 것을 말한 것일까요?" 하고 공자에게 묻는 과정에서 유래한 말이 절차탁마(切磋琢磨)다. 이것은 위대한 성공이 하루아침에 이루어지지 않듯이 좋은 옥도 원석을 정성껏 갈고 다듬어야 최고의 옥으로 탄생한다는 것이다. 옥을 만드는 과정을 보면, 먼저 원석에서 옥을 톱으로 자른다. 두 번째로 자신이 원하는 모양으로 줄로 썰어낸다. 세 번째로 끌로 쪼아 모양을 다듬는 것이다. 마지막으로는 자신이 원하는 모양으로 정밀하게 숫돌로 갈아서 최상의 좋은 옥을 만들어내는 것이다.

유교 경전의 사서 중 하나인 『대학(大學)』에서는 "세상의 모든 존재는 본말(本末)이 있다. 세상의 모든 일은 시종(始終)이 있다. 그러니 그 선후를 제대로 안다면 반드시 목표에 다가갈 수 있을 것이다."라고 했다. 이와 같이 모든 것은 오랜 시간을 거쳐 인내

와 끈기로 정성을 들인 절차와 과정이 있어야 진기명기한 명품
으로 재탄생하는 것이다.

고언: 절차탁마(예서, 토끼)

원하는 분야에서 최고가 되도록 노력하자

우리는 무슨 직업을 가지고 평생 살아갈 것인가? 정부기관에서 조사한 내용을 기초로 『한국직업사전』(2020)에 수록된 직업은 약 13,000개가 있다. 이것 이외에도 세상에 알려지지 않은, 각 나라별로 다양한 직업은 수십만 개가 넘을 것이다. 특히 정보통신기술의 발달이 빠르게 전개되어 많은 직업군들이 사라지고 수시로 새로운 직업군이 생겨난다. 그러므로 우리는 글로벌 직업군 세계에 대한 시야를 넓혀나가야 한다. 수많은 직업 중에 자신의 적성과 개성, 재능과 능력에 맞는 직업을 선택하였으면 그 분야에서 최고의 전문가가 되도록 노력하는 것이다. 기능·기술 장인으로서, 학문·정치·종교·연예·스포츠 등의 전문가로서 자신이 원하는 분야에서 세계 최고가 되기 위해서는 관련 서적을 탐독하고 실전 경험을 쌓아가는 험하고 힘든 과정을 소화해야

참다운 인생을 위한 21가지 삶의 지혜

한다. 한 예로 올림픽 경기에서 금메달을 획득하는 선수들의 훈련 과정을 보면 숨 막히는 일정과 어려운 극기 훈련으로 채워져 한시도 쉬지 않고 땀방울을 흘린다. 이런 모습들은 매스컴 등을 통해 우리에게 알려진다. 이들은 관련 서적과 인터넷, 예비 실전 훈련, 비디오 분석을 통해 새로운 기술을 연마하고 튼튼한 체력을 단련시키기 위해 새벽부터 구슬땀을 흘리는 것이다. 과학자들은 수백, 수천 번 실험하고 실패를 거듭하면서도 포기하지 않고 이것이 새로운 기술 진보를 위한 작은 성공의 일부라 생각하며 밤낮없이, 끊임없이 연구개발에 몰두한다. 화가는 화선지에 헤아릴 수 없이 그림을 그리고 지우기를 반복하고, 가수는 목청을 다듬는 연습을 반복 또 반복해야 유명 인사가 되는 것이다. 이런 사람들은 전 세계 인구 약 80억 명 중 같은 분야의 전문가 수십만 명과 무한 경쟁을 해서 이겨내야 세계 최고 정상에 우뚝 설 수 있다. 보통사람은 세계 최고 정상은 아닐지라도 기본적인 의식주와 가족을 지키면서 부모 세대보다 더욱더 풍부하고 편안한 일상생활을 할 수 있도록 자신의 개성과 적성에 맞는 직업을 잘 선택해야 한다. 그러기 위해서 우리는 새로운 시대와 장소에 적합한 업무를 수행할 수 있는 지식, 체력과 기술을 신속히 습득해서 미래를 미리 준비해나가는 것이 바람직하다. 우리의 직업 선택을 신중히 다루는 이유는, 그래야 삶의 목표를 추진하는 과정에서 경제적·정서적·물질적으로 안정을 찾아 자신의 꿈과 희망, 목표를 적절한 시기에 성취하고 가족의 안녕을 지키면서 더 나아가 사회·국가·세계에 이바지할 수 있는 지름길이 훨씬 수월하게 열리기 때문이다. 또한 현재보다 더 좋은 환경 속에서 자신이 원하는 취미생활을 마음껏 즐기면서 평화롭고 행복한 삶을 보낼 수 있기 때문이다. 이외에도 자신의 성과물이 국내 또는 전 세계적으로 널리 알려져서 먼 곳에 있는 국내외 관련 전문가들이 소문을 듣고 자신의 주변으로 몰려들기 때문이다. 반면에 사람이 재능이 없거나 전문성이 부족하여 재정적으로 빈곤해지면 아무리 가깝던 친구나 친척도 잘 찾아오지 않아 더욱더 멀어진다. 이것이 물질만능 시대인 현실세계의 인지상정이니 누구를 탓하고 박정한 인심이라고 하소연할 수 있겠는가? 그래서 보통사람은 잘 입고 잘 먹지 못하더라도 주변 사람들에게 부끄러워하지 않을 정도의 전문 직업과 여유 자금을 확보해두어야 한다. 같은 부류의 직종에서도 뛰어난 사람으로 거듭나기 위해서는 젊은 중장년 시기에 자신의 적성·개성·재능을 면밀히 분석하여 직업을 잘 선택하고, 그 분야에서 국내외적으로 두각을 나타낼 수 있는 우수한 과업 한두 개 정도를 가질 수 있도록 노력해야 한다. 그래야 청소년 시기에 꿈꾸던 아름다운 꿈과 희망, 삶의 목표를 원하는 시기에 성취하면서 주변 사람들로부터 존경을 받고, 경제적으로 여유롭게 안정적인 생활을 하며 노후를 평화롭게 보낼 수 있는 것이다.

군계일학(群鷄一鶴)이란 말은 위진(魏晉: 221~589)시대 일곱 명의 선비인 죽림칠현(竹林七賢: 완적, 완함, 혜강, 산도, 왕융, 유령, 상수) 중 혜강 가족의 일화 속에 나온 말이다. 죽림칠현은 지금의 하남성 북동부에 있는 죽림에 모여 노장(老莊)의 허무사상을 바탕으로 한 청담을 즐겨 담론했다. 그런데 이들 중 위의 중산대부로 있던 혜강이 억울한 죄를 뒤집어쓰고 처형당했으나, 그의 아들 혜소가 뛰어난 인재로 잘 성장했다. 그래서 죽림칠현의 한 사람인 산도가 무제(武帝: 256~290)에게 혜강의 아들 혜소를 비서랑으로 추천하였으나 그를 한 단계 더 높은 비서승으로 등용시켰다. 혜소가 처음으로 낙양에 들어갔을 때 어떤 사람이 죽림칠현의 한 사람인 왕융에게 "그저께 많은 혼잡한 군중 속에서 혜소를 처음 보았습니다. 그의 드높은 혈기와 기개는 마치 닭의 무리 속에 있는 한 마리의 학과 같았습니다."라고 말한 것에서 유래되었다.

고언: 군계일학(예서, 닭)

참다운 인생을 위한 21가지 삶의 지혜

영원한 배우자를
신중하게 맞이하다

배우자는 남녀 청춘이 꽃다운 나이에 만나 한 지붕 아래 오륙십 년간 같이 잠자고 먹고 자녀를 양육하며 생활해야 하므로 상당히 신중하게 결정해야 한다. 그래서 러시아 속담에 "싸움터에 나갈 때는 한 번 기도하고, 바다에 나갈 때는 두 번 기도하라. 그리고 결혼할 때는 세 번 기도하라."라는 말이 있다. 왜 이렇게 신중하게 접근해야 할까? 상식적인 수준에서 접근했을 때 그 이유는 몇 가지가 있다. 먼저 삶에 대한 접근방식이 비슷해야 부부, 자녀, 부모, 형제자매들 간 소통을 원활히 할 수 있다. 두 번째는 개인 성격이 잘 맞아야 서로 이해하고, 상대방의 부족한 점을 보완해주고, 크고 작은 실수를 따뜻하게 안아줄 수 있다. 세 번째는 결혼 전까지 살아온 가정문화가 비슷하거나 유사한 점이 많아야 가족 간 소통 과정에서 일어나는 갈등을 빨리 해소하고 포용하면서 오랜 세월을 즐겁고 행복하게 보낼 수 있다. 왜냐하면 연애할 때와 결혼한 후의 배우자 마음이 변하거나 달라져 상대방을 대하는 자세가 조금씩 풀어지면서 속내의 마음이 하나둘씩 다르게 표면적으로 나타나고, 자신의 가족뿐만 아니라 배우자의 가족에게 일어나는 대소사 문제들로 인해 갈등이 생기기 때문이다. 젊은 연애 시절에는 개인 또는 가족사 문제들에 대해 서로 상세하게 얘기하지 못한다. 그래서 어릴 적 습관과 가정문화 차이로 수시로 문제가 생겨 갈등이 유발된다. 결국 부부는 자신과 가족의 평화롭고 안정적인 일상생활을 지키기 위해 서로 합심해서 양가의 문화 차이와 빈부격차 해소에 많은 시간을 들여야 한다. 또한 조금이라도 정신적·육체적으로 건강할 때 가족의 안녕과 의식주에 필요한 기본 자금을 확보하고 자녀 양육을 위한 주택·교육·결혼 등에 대한 문제 해결 방안을 준비해야 한다. 더불어 검소한 소비생활로 지출을 자제하여 예상치 않게 닥쳐올 위급 상황을 순조롭게 대비할 수 있는 예비 자금과 미래의 노후 자금을 확보해두는 지혜도 필요하다. 취미 생활은 각자의 취향에 따라 즐기되 가족과 함께 즐길 수 있는 놀이문화도 부부가 같이 찾아두는 것이 좋다. 이것 이외에도 자신의 꿈과 희망을 이루기 위해 개인, 가족, 사회, 국가 업무 중 어느 것부터 먼저 처리해야 할지 우선순위를 결정함에 있어 가족 간 의견 차이가 많이 발생할 수 있다. 평상시 자주 소통하지 않으면 이런 의견 차이가 생겼을 때 즉시 해결하기 어렵고 갈등만 계속 쌓이게 된다. 그러므로 이런 것들은 결혼 전에 서로 이해하고 보완하고 포용하겠다는 마음 자세를 가지고 있는지 확인해두는 것도 매우 중요하다.

배우자 선택에 관한 심리학적 이론인 우드리(Udry)의 여과이론에 의하면 근접성, 매력(호감), 사회적 배경, 의견합치, 상호보완성, 결혼준비 상태에 따라 배우자 선택이 결정된다고 한다. 이외에도 건강, 종교, 연령 등 세심히 검토하고 고려해야 할 사항들도 많이 있다. 따라서 우리는 자신의 현재 상황을 면밀히 분석한 후에 자신의 위치에 걸맞는 배우자를 선택하는 것이 가장 바람직한 방법이다. 즉, 결혼 상대자는 자신의 현 위치와 수준에서 선정 기준을 만들어 평균 60% 이상 비슷했을 때 적극적으로 교제를 추진하는 것이 바람직하다. 따라서 서로 자주 만날 수 있는 가까운 곳에 있어야 서로 필요한 정보를 자주 교환하며 장단점을 보완해나갈 수 있다. 서로 자연스럽게 감정을 나누며 상대방의 장점에 대한 호감과 매력을 느끼고, 부족한 점은 부담 없이 서로 보완하고 채워가면서 오랫동안 영원한 동반자로 행복하고 보람된 삶을 살아갈 수 있는 것이다. 즉, 자신의 분수에 맞는 사고와 삶의 태도를 가진 비슷한 사람들끼리 만나는 것이 소소하지만 확실하게 즐겁고 행복한 삶을 이끌어갈 수 있는 지름길인 것이다.

야서지혼(野鼠之婚)은 조선 효종(1619~1659) 때 홍만종이 지은 『순오지』에 실려 있고, 야서(野鼠)는 두더지를 가리키는데 어떤 두더지가 자기 아들을 좋은 집안으로 장가보내려고 하늘, 해와 달, 구름, 바람, 돌부처를 찾아다니며 백방으로 노력하다가 결국에는 돌고 돌아 같은 종류인 두더지와 혼인시키는 얘기이다. 어떤 두더지가 하늘이 으뜸이라 여겨 찾아가 통혼을 청하자 하늘은 "내가 비록 만물을 두루 포함하고 있지만 해와 달이 아니면 나의 덕을 드러낼 수 없다." 하고, 해와 달은 "구름이 우리를 가리니 구름이 높다." 하고, 구름은 "바람이 불면 흩어지니 바람이 높다." 하고, 바람은 "밭 가운데 서 있는 돌부처를 넘어뜨릴 수 없으니 돌부처가 높다." 하고, 돌부처는 "두더지가 내 발밑을 뚫으면 넘어지니 두더지가 나보다 높다."라고 한다. 이 말을 들은 두더지는 곧 거만해져서 "천하에 존귀한 것이 나만한 것이 없다."라고 생각해 다른 두더지와 결혼시켰다는 것이다. 여기서 유래한 야서혼은 제 분수에 넘치는 허영심보다 동류끼리 결혼하는 것이 가장 잘 어울린다는 고사성어로 사용된다. 또 세상에 절대적인 것은 없으며 모두 상대적이라는 의미로 사용되기도 한다.

참다운 인생을 위한 21가지 삶의 지혜

고언: 야서지혼(전서, 대나무)

뿌리 깊은 형제·자매·남매와 우선 친하게 지내자

형제·자매·남매들은 특별한 경우를 제외하고는 태어나서부터 한 가정에서 같이 자라며 많은 사랑과 정을 주고받는다. 하지만 어떤 때에는 생각의 차이로 인해 서로 싸우고 다투기도 한다. 통상 한 부모로부터 뿌리를 같이하는 그들은 대략 삼사십 년간 부모보다 더 많은 시간을 보내며 한 시대를 같이 살아간다. 부모는 자식들에게 주는 사랑과 정을 평등하게 골고루 나눠주려고 노력하지만 이를 받아들이는 자식들의 사고방식이 다르기 때문에 느끼는 감정도 다르게 나타난다. 이들에게는 각자 삶의 양식과 노력 여하에 따라 상당한 격차가 생겨 성장하면서 다양한 문제로 갈등이 발생한다. 이것은 한 가정의 작은 단위에서 발생하는 문제이지만, 폭을 넓게 생각하면 자신이 태어난 지역, 조직, 사회, 국가, 세계 속에서 끊임없이 일어나는 일상적인 삶의 과정

참다운 인생을 위한 21가지 삶의 지혜

이다. 보통사람은 태어나서 죽을 때까지 손잡고 많은 시간을 할애하여 진지한 대화를 나눌 수 있는 사람들을 많이 만들려고 노력한다. 그러나 이 중에서 어렵고 힘든 삶의 과정에서 진실하게 마음을 열고 대화할 수 있는 사람은 수십 명에 불과하다는 것이다.

대부분 인간관계는 조직, 사업, 특별한 업무관계로 맺어진 경우가 많아 각자 위치에 따라 희로애락이 교체된다. 서로 주어진 입장에 따라 행동이 달라지므로 한때는 아주 가까워졌다가도 어느 날 갑자기 헤어지는 경우가 많이 발생한다. 다양한 인적 네트워크로 구성된 사람들과 함께 자기 삶의 방향과 목표를 성취하기 위해 형제·자매·남매들보다 뜻을 같이하는 사람과 더 가까이 지내야 할 때도 있다. 경우에 따라서는 보기 싫은 사람과의 만남, 싸움터에서 서로 맞서는 적장과의 협상 자리, 어제의 적이 오늘의 동지로 만나야 하는 자리 등 다양한 계층의 사람들과 만나 식사도 하고 대화도 나눠야 한다. 그러나 형제·자매·남매들은 어릴 때부터 부모로부터 이어받은 가훈 속에 한 가정에서 서로 아끼고 사랑하면서 마음속 깊이 우애를 나누며 평생 가깝게 지낸다. 한 울타리 내에서 삶의 목표와 방향, 진학 문제와 직업 선택, 이성 문제 등에 대해 마음을 열고 대화를 나누면서 서로의 장단점을 보완해주며 살아가는 것이다. 그러므로 그들 간에 이해력과 포용력이 넓으면 아주 좋은 관계로 무한히 발전할 수 있다. 반대로 이해력과 포용력이 좁으면 가까운 이웃보다 못한 경우도 생긴다. 가까운 이웃과는 취미생활, 여행, 식사 등을 자주 같이하며 잘 지내지만 부모의 핏줄을 같이한 가족들을 서로 등지고 사는 경우도 생긴다. 그 이유는 노약한 부모를 모시는 문제, 재산을 분배하는 문제, 종교적인 문제 등의 여러 갈등이 많이 쌓여 잠시 만났다 헤어지는 일반적인 인연으로 생각하고 식사도 같이하지 않고 만나지도 않으며 서로 멀리하기 때문이다.

우리는 이런 생활양식이 바람직한 것인지 한 번쯤 생각해볼 필요가 있다. 대부분 조부모, 부모, 자녀, 손자 등으로 구성된 가족은 형제·자매·남매간의 우애, 성별 역할과 기능을 어른들의 언행을 보고 들으며 배운다. 즉, 이들은 한 가정에서 제각기 행해야 하는 기본적인 역할을 오랜 관습과 문화를 통해 자연스럽게 전수받으며 사는 것이다. 오랜 시간 동안 따뜻한 정을 나누며 떡도 나눠 먹고, 기쁨과 즐거움을 함께 나눈다면 행복이 배가 되는 것이고, 슬픔을 같이 나눠 서로 위로해줌으로써 마음의 상처를 치유해주거나 슬픔을 반으로 줄여주기도 하는 것이다. 따라서 우리는 사회의 친구 어느 누구보다 형제·자매·남매간에 서로 존중해주고 우애를 돈독히 하며 백 세 시대에 같이 살아가는 동안 평화롭게 잘 지내는 것이 바람직한 생활양식이다. 그러나 최근에는 독신자가 증가하고, 막상 결혼해도 아들딸 가리지 않고 하나만 낳아 잘 키우겠다는 사고방식 때문에 형제·자매·남매가 없어지고 있다. 그러므로 현시대에는 가능한 이들만큼 서로 잘 도와주고 다양한 취미생활을 평생 함께 즐길 수 있는 친구 또는 지인을 많이 만들어놓는 지혜도 필요한 것이다.

『천자문(千字文)』에 "몹시 그리워 형제를 잊지 못하니, 같은 기운을 받아 이어진 가지와 같기 때문이다.(孔懷兄弟 同氣連枝)"라는 말이 있다. 이것은 형제는 깊이 서로 아껴주고, 한 나무의 나뭇가지와 같이 성장하듯 부모로부터 받은 기운을 같이 공유하고 받아들이며 똑같이 성장해나간다는 것이다.

후한의 채옹(132~192)은 본성이 독실하고 효성이 지극하여 모친이 돌아가시자 집 옆에 초막을 짓고 예에 맞춰 행동했다. 그 후 채옹의 집 앞에 두 그루의 나무가 자랐는데 점점 가지가 서로 붙더니 나중에는 나무 곁가지 하나가 되었다. 이것을 연리지(連理枝)라 하여 지극한 효심을 뜻하는 말로 사용하였다. 후대에는 이 말이 부부 또는 형제·자매·남매간의 지극한 사랑을 뜻하는 말로 쓰였는데 백거이(백낙천: 772~846)의 「장한가(長恨歌)」에 나온다. "7월 7일 장생전에서, 깊은 밤 사람들 모르게 한 맹세, 하늘에서는 비익조가 되기를 원하고, 땅에서는 연리지가 되기를 원하네, 높은 하늘 넓은 땅 다할 때 있는데, 이 한 끝없이 계속되네."라고 했다. 이 「장한가」는 대당제국의 영화가 차츰 기울어지는 시기에 현종이 양귀비와의 사랑으로 인해 정치에 뜻을 잃게 했던 사랑 얘기를 시로 노래한 것으로 대표적인 장편 서사시다.

참다운 인생을 위한 21가지 삶의 지혜

고언: 공회형제 동기연지(초서, 새)

나와 가정을 정리한 후
조직을 다스린다

보통사람은 국내외 역사에 큰 이름을 남기기보다는 자신을 우선 돌보고 결혼해서 배우자와 함께 가정을 잘 이끌고 나간다면, 좁게는 자신이 몸담고 있는 회사나 단체, 넓게는 사회와 국가, 세계 우주에서 자신의 꿈과 희망을 점점 더 폭넓게 펼쳐나갈 수 있을 것이다. 결국 소아(小我)의 길을 벗어나 대아(大我)의 길로 들어서 만인의 성인으로 거듭나는 것이다. 각 개인의 일상적인 생활 현장에서 나만의 세상이 아닌 우리의 세상을 찾아 더불어 잘 살아가는 방법을 찾는 것이다. 다양한 직업으로, 다양한 생활방식으로 살아가는 과정에 일어나는 비상식적이고 정의롭지 못한 불공정한 일들을 돌아보고, 인정할 것은 인정하고 잘못한 것은 고쳐나가는 마음 자세를 끊임없이 생각하는 것이다. 이것이 바로 보통사람이 작은 성인으로 거듭나는 올바른 생활양식

참다운 인생을 위한 21가지 삶의 지혜

인 것이다. 자수성가한 사람, 주변으로부터 존경받는 사람, 대중의 인기가 많은 유명 인사의 삶에 대한 자서전 또는 보도자료 등을 주의 깊게 살펴보면 우리가 왜 자신과 가정을 잘 돌봐야 하는지 알 수 있다. 즉, 자신의 꿈과 희망은 높게 설정하되 이를 수행할 수 있는 건강과 올바른 마음 자세를 굳건히 갖춰야 어떠한 고통과 고뇌도 극복해나갈 수 있는 것이다. 거듭되는 실수와 실패는 가능한 줄여야 하겠지만 이것이 두려워 꿈과 희망을 포기한다면 결코 자신이 원하는 성공을 이끌어내지 못한다. 어느 누구도 큰 목표를 한꺼번에 성취할 수는 없다. 큰 목표를 시간별, 분야별로 분류해 작은 목표 하나씩 정복해나간다면 이것들이 모여 큰 목표가 되는 것이다. 이 과정에서 백 퍼센트 성공할 수는 없고, 중간에 실수와 실패를 누구든지 할 수 있다는 것을 인정해야 한다. 실수와 실패의 원인은 잘 분석하여 다음 목표를 성취하는 데 주춧돌이 되도록 만드는 지혜를 갖춰나가는 사람이 계획보다 빠른 시기에 자신의 꿈과 희망을 성취할 수 있다. 즉, 자신의 주변에서 발생하는 다양한 문제와 난관을 포기하지 않고 인내와 끈기로 끊임없이 근면성실하게 노력하는 사람들이 주변으로부터 가장 존경받는 보통사람인 것이다. 일시적으로 인기를 얻어 매스컴의 스포트라이트를 받다가 잘못을 저질러 국민의 신뢰를 저버리는 사람들보다 꾸준히 가족과 주변 사람들로부터 사랑받으며 평화롭게 살아가는 보통사람이 훨씬 보람되고 행복한 삶을 사는 것이다.

자신이 추구하는 삶의 목표, 학력, 직업, 배우자, 취미, 인적 네트워크 등을 자신의 역량에 맞게 잘 설정해 정신적·육체적·물질적으로 윤택한 생활환경을 조성하는 사람이 가족 구성원을 올바른 방향으로 선도해나갈 확률이 높다. 자신의 목표치는 단순한 개인의 문제이다. 하지만 가족 구성원의 목표치와 추진 방법은 각 개인이 인격주체자로서 각자 다양한 삶을 추구하게 되는 것이다. 이를 가장이 잘 이해하고 가정을 온 가족의 피난처이자 안식처인 사랑의 보금자리로 만들어나가야 한다. 서로 다른 다양한 의견을 수렴하고 소통하면서 편안하고 안정적인 분위기 속에서 각자의 목표치를 위해 추진할 수 있는 기반과 분위기를 조성해줘야 한다는 것이다. 우리 자신은 자녀들의 어버이가 되고 또는 어버이의 자식이기도 하다. 우리는 세월이 흐를수록 자신의 위치와 직위가 변한다. 가장 작은 단위인 가정에서부터 헌신적으로 봉사하고 사랑을 공평하게 나눠주는 사람이 폭을 넓혀 조직사회의 구성원, 국가의 국민들을 위해 또는 전 세계의 평화를 위해 노력해나갈 수 있는 것이다.

참다운 인생을 위한 21가지 삶의 지혜

유교 경전인 『대학』의 내용은, 밝은 덕을 밝히고 백성을 새롭게 하고 지극한 선에 머무르게 하는 3강령(三綱領: 明明德, 新民, 止於至善)과 8조목(八條目: 格物, 致知, 誠意, 正心, 修身, 齊家, 治國, 平天下)으로 정리된다. 여기서 8조목은 "사물의 이치가 이른(格物) 뒤에 아는 것이 지극해지고(致知), 아는 것이 지극해진 뒤에 뜻이 성실해지고(誠意), 뜻이 성실해진 뒤에 마음이 바르게 되고(正心), 마음이 바르게 된 뒤에 몸이 닦여지고(修身), 몸이 닦여진 뒤에 집안이 가지런해지고(齊家), 집안이 가지런해진 뒤에 나라가 다스려지고(治國), 나라가 다스려진 뒤에 천하가 화평해진다(平天下)."라는 것이다. 즉 격물·치지·성의·정심은 개인이 내면을 잘 다스려 올바른 심성을 갖출 수 있도록 수양하는 단계이고, 거기서 나아가 좋은 영향력을 남에게, 가정에, 세상에까지 미칠 수 있도록 하는 단계가 수신제가 치국평천하(修身齊家 治國平天下)이다. 여기서 핵심은 수신이다. 자식은 자식으로서, 아내는 아내로서, 남편은 남편으로서의 몸가짐을 바르게 하는 것이다. 더불어 아내와 남편, 자식을 사랑하는 마음으로 어버이를 섬긴다면 화목한 가정이 안 되려야 안 될 수가 없는 것이다. 나라의 각 가정마다 수신으로 제가를 이루게 되면 나아가 치국 또한 자연적으로 이루어지는 것이다. 그리고 세상의 모든 사람들이 세상의 그릇됨을 지적하며 싸워서 바꾸려 할 것이 아니라 각자 스스로의 몸가짐을 바르게 하는 데 힘을 쓴다면 평천하는 저절로 이루어진다.

『논어』에서는 "길에서 듣고 길에서 말하는 것은 덕을 버리는 것과 같다.(道聽塗設 德之棄也)"라고 했다. 이것은 길거리에서 들은 아무리 좋은 말도 마음에 간직하여 자기 수양의 양식으로 삼지 않고 바로 다른 사람에게 전하는 것은 스스로 덕을 쌓을 수 없다는 것이다.

순자(荀子: BC 298~BC 238)의 「권학편」에서는 "소인배의 학문은 귀로 들어가 곧바로 입으로 흘러나오고 마음속에 두려 하지 않는다."라고 했다. 성인의 학문은 자기 자신을 아름답게 만들지만 소인배의 학문은 그 자신을 못 쓰게 망쳐버리는 것이라고 한다. 따라서 묻는 말에는 정확히 대답하고, 묻지 않으면 말하지 않도록 노력해 입에서 입으로 전해지는 사이에 점점 꼬리를 물어 해가 되는 것을 방지해 자신의 몸과 마음을 먼저 바르게 해야 한다는 것이다.

대학: 수신제가 치국평천하(전서, 난)

소리 소문 없이 일하며
조직을 이끈다

가정, 직장, 국가 등 어느 조직을 운영하는 리더의 평상심은 조직 시스템을 합리적으로 운영하는 데 매우 중요하다. 불투명하고 변화무쌍한 세상을 이끌어가는 리더는 자신의 주변부터 시작하여 전 세계의 정치, 경제, 문화 등에 관심을 갖고 예의주시하면서 소속된 조직원을 미래지향적으로 이끌어가야 한다. 그러나 인간 자체는 항상 변하는 속성을 가지고 있고, 주변 상황은 수시로 급변하며 한시도 정체되어 있지 않다. 가장 작은 단위인 가정의 가장들도 매일 바뀌는 가족의 일상생활을 점검하며 지금보다 더 나은 생활환경을 만들기 위해 노력한다. 기본적으로 자신의 건강을 유지하면서 사회적 지위를 향상시켜 연봉을 높이고, 가족의 의식주를 해결하고, 취미생활을 즐기며 살아야한다. 또한 가장은 가족들과 원활하게 자주 소통하여 가정인

한 울타리 내에서 각 개인의 꿈과 희망을 맘껏 헤쳐나갈 수 있는 편안한 장소를 제공해주는 역할도 해야 한다. 특히 기관이나 국가를 관리하는 사람들은 미래지향적인 목표를 제시하고, 일을 할 때는 엄격하고 냉정하게 처리하고 조직원들 간의 신뢰를 구축해야 한다. 그래서 잘한 것은 칭찬하고 잘못한 것은 벌을 내리는, 신상필벌에 대한 명확한 규정을 만들어 공정하고 공평하게 처리하도록 한다. 기관이나 국가는 여러 사람들이 모여 생활하는 공간이므로 각 구성원과 조직의 목표치가 다르고, 살아가는 방법이 다양하므로 공과 사를 명확히 구분해 서로 '원원'할 수 있는 문화를 형성하는 것이다. 가정을 벗어난 조직 내에서는 구성원이 각자 추진해야 할 목표치를 명확하게 제시하고 과업의 우선순위를 정해 처리하도록 유도한다. 리더는 조직의 목표치를 모든 직원들과 공유하고 사업의 우선순위를 신속하게 결정하는 판단력과 결정력을 갖추고 각 개인 삶의 보람과 의미를 느끼도록 만들겠다는 의지를 가져야 하는 것이다.

최근에는 4차 산업혁명으로 전 세계가 24시간 한순간도 쉬지 않고 움직인다. 그러므로 리더는 인터넷 등을 통해 정보를 수시로 신속히 입수해 창의적으로 마음껏 활용할 수 있는 인적자원을 확보하고 이들을 적재적소에 잘 활용해야 지속 가능한 미래를 기대할 수 있다. 훌륭한 리더십은 주변 상황에 따라 다양한 방법으로 개인 능력을 자유롭게 발휘하도록 필요한 재원과 장소를 제공해주는 것이다. 그리고 가능한 한 리더가 직접 스스로 나서지 않아도 조직원들이 각자 역할을 소리 소문 없이 수행할 수 있도록 즐겁고 명랑한 조직 분위기를 유도해나가는 것이 중요하다.

불치이치 무위지치(不治而治 無爲之治: 일하지 않는 것처럼 일하고, 다스리지 않는 것처럼 다스린다.)라는 말은 동양의 제왕 중 성군으로 뽑히는 당나라 태종(599~649)이 신하들과 나라를 다스리는 방법에 대해 정치 문답을 다룬『정관정요(貞觀精要)』에 나오는 내용이다. 이와 유사한 내용으로는 춘추시대(BC 8세기~BC 3세기) 노자(老子)의『도덕경』에 있다. 여기서 무위는 "도는 언제나 무위이지만 하지 않는 일이 없다.(道常無爲而無不爲)"라고 하고, "하늘은 도를 본받고 도는 자연을 본받는다.(天法道 道法自然)"라고 한다. 모든 지도자들이 권력 또는 권위를 가지고 어떤 행위를 강요하거나 명령하고 간섭해서 조직을 이끌어가는 것이 보통이다. 그러나 노자는 "배움은 날마다 채우는 것이며, 도를 닦는 것은 날마다 비우는 것이다.(爲學日益 爲道日損)"라고 말하며, 지도자는 자신이 가진 고집과 편견을 비우고 자신이 이룬 부와

참다운 인생을 위한 21가지 삶의 지혜

명예, 권력 등을 주변 사람들과 나누면서 버리고 또 버림으로써 끝내는 무위정치에 이를 수 있다고 한 것이다. 우리에게 비운다는 것은 쉽지 않은 일이지만, 이러한 무위 행위도 많은 것을 배우고 채우려고 열심히 노력한 사람이 많은 것을 내려놓고 버릴 수 있다는 것을 잊어서는 안 된다는 것을 알려주고 있다. 결국 『도덕경』의 사상은 모든 거짓됨과 인위적인 것에서 벗어나려는 사상이다.

공자는 "아무 하는 일 없이 잘 다스린 분은 순임금이라 할 것이다. 도대체 어찌하였겠나? 자신을 공손히 하고 바르게 남쪽만 바라보고 앉아 계셨을 따름이었다.(無爲而治者 其舜也與! 夫何爲哉? 恭己正南面而已矣)"라고 하였다. 순임금은 요임금 아래에서 교육을 담당하던 신하인 사도였다. 훗날 그는 요임금으로부터 왕위를 이어받아 요임금에 이어 태평성대 2기를 맞이한다. 요임금도 아홉 명의 전문가를 임명해 철저한 위임정치를 통해 훌륭한 정치를 이룩했다. 이와 같이 순임금 역시 위임정치의 대가였다. 오죽했으면 무위이치라고 했을까? 그래서 공자는 순임금을 "아무 하는 일 없이 자세를 바르게 하고 남쪽만 바라보고 앉아 있었을 따름이었다."라고 한 것이다.

현재의 정치형태로 분석하면 리더가 조직원을 신뢰하지 않았다면, 그리고 조직원들이 직무를 수행함에 있어 열정과 성실함이 없었다면 불가능했을 것이다. 따라서 단순히 무위에 머무르지 않고 직무를 장악해온 상태에서 실무를 담당하는 조직원을 전문성에 맞게 적재적소에 잘 배치하고 그들에게 과업을 적절히 위임해 각자 역할을 잘할 수 있도록 만들어야 훌륭한 리더인 것이다.

정관정요: 불치이치 무위지치(초서, 게)

일상 속에서
행복한 삶의 지혜를 찾는다

우리는 자신이 원하는 대로 인생을 이끌어가려고 부모 형제, 주변 사람들과 갈등을 유발하면서까지 스스로 자신을 지키려고 노력한다. 누군가가 내 삶을 정해주는 것은 자신이 스스로 원하는 삶을 설정해 자유롭게 이끌어가는 것과는 거리가 먼 것이다. 또 한편으로는 이들이 내 삶을 빼앗아간 것 같은 느낌이 들어 그 자체가 싫고 짜증나는 것이다. 그렇다면 자신이 선택한 삶이 일반 상식적인 수준에서 생각했을 때 바람직하고 올바르고 참다운 삶인지 심사숙고해봤는가? 즉, 자신이 찾고자 하는 삶이 일시적으로 나타나는 반발심에 의해 생각해낸 것인지, 아니면 평상시 평온한 마음 상태에서 항시 깊이 생각해왔던 것인지 다시 한번 생각해보는 것이다. 자신이 선택한 분야가 자신의 본질이나 개성을 뚜렷이 나타내거나 독창적인 자신만의 독자성

참다운 인생을 위한 21가지 삶의 지혜

을 갖고 있다면 이것은 진정한 삶의 의미가 있고 가치가 있는 것
이므로 어느 분야이든 잘 선택한 것이다. 우리에게는 자신이 선
택한 분야에서 최선을 다하고 그 결과에 만족하겠다는 자신감
을 갖추는 자세도 필요하다. 그러면 그 어느 누구도 이를 만류
할 사람이 없을 것이다. 학문, 정치, 경제, 예술 등 어느 분야든
자신의 재능과 기질을 최대한 발휘하면서 부모 또는 선조보다
더 즐겁고 행복한 삶을 이끌어가겠다는 마음을 평상시에 갖고
정정당당하게 성심성의껏 실천해나가는 것이다. 특히 근대 이후
에는 정보통신 분야의 급속한 발전으로 전 세계가 다국적, 다문
화권의 다양하고 복잡한 사회로 바뀌는 추세이므로 각 개인이
평상시 삶의 방향과 가치를 자기 스스로 정립해나가는 자세가
더욱더 중요해졌기 때문에 그렇다.

우리가 새로운 시대에 신속히 대응하는 힘, 어렵고 힘든 일을
이겨내는 힘, 위험한 위기에 대처하는 힘을 가지고 평상시 가지
고 있는 생활양식과 편안한 마음으로 융통성 있게 문제를 해결
할 수 있다면 현시대에 살아가는 삶의 지혜를 잘 찾은 것이다.
즉, 어떤 위기를 갑자기 만나도 당황하지 않는 마음, 고통스런
나날을 보통 일상생활과 같이 움직이는 마음, 깊고 좁은 길도
평지와 같이 흔들리지 않고 건너는 마음, 기타 특별한 사건이 발

생해도 차분하고 여유롭게 처리하는 마음 등 이런 모든 것들 역시 매일 우리가 생활하는 일상과 밀접하게 연관되어 있다. 그러므로 특별한 경우를 제외하고는 일상생활과 아주 다르게 일어나는 경우는 드물다. 한 예로, 똑같이 폭이 좁은 나무다리가 있어도 평상시 매일 자주 왕래하는, 낮은 높이에 설치한 몇십 미터를 건널 때는 편안하고 자신감 있게 마음이 흔들리지 않고 잘 건넌다. 하지만 수백 미터 낭떠러지가 있는, 깊은 계곡에 설치된 다리를 건널 때는 눈 아래 깊은 골짜기에 먼저 마음이 쏠려 다리가 후들후들 떨리고 평형을 잃어 잘 못 건넌다. 그 이유는, 똑같은 다리여도 높은 곳에 있을 때는 평상시 자신이 가지고 있는 평안하고 고요한 평정심을 잃고 높고 깊은 낭떠러지로 떨어지면 죽을 것만 같은 공포심이 순간적으로 일어나기 때문이다.

우리 주변에서 일시적으로 일어나는 기쁨과 노여움, 슬픔과 즐거움 역시 한때 잠시 머물다 사라지고, 시간이 흐르면 다시 평상시 원상태로 돌아온다. 우리는 이런 이치를 깨닫고 너무 과한 감정으로 동요되거나 들뜨지 않고 차분하고 평온한 마음을 일상생활 속에서 갖춰나가도록 노력해야 한다. 이와 같이 평상시 마음을 유지할 수 있는 사람은 주로 종교계에서 오랜 수련을 거

참다운 인생을 위한 21가지 삶의 지혜

치거나 복잡하고 혼잡한 세상을 떠나 조용한 곳에서 마음을 집중적으로 수련한 사람들에게 많이 나타난다. 보통사람은 대부분 가정, 직장, 사회조직 등 평범한 일상생활을 잘 벗어나지 못해서 어렵고 힘든 일 또는 위험한 위기 등이 갑작스럽게 발생했을 때 편안한 마음을 가지고 평상시처럼 행동하기가 매우 어렵다. 이런 행동은 하루아침에 습득할 수 있는 것이 아니므로 모든 작은 일상생활에 깊은 관심을 갖고, 평안하고 고요한 마음으로 대처할 수 있도록 평상시 많이 노력해야 한다. 그래서 어떤 일이 생겼을 때 냉정하고 차분한 행동이 찰나의 순간에 반사적으로 나올 수 있도록 매일 반복 훈련을 거듭해야 한다. 이것 이외에도 우리가 큰 야망을 가지고 추진하는 아름다운 꿈과 희망, 새로운 것을 배우고 익혀 현시대에 맞춰 나가려는 진취적인 마음 자세, 영원히 같이 살아갈 배우자를 찾는 일, 가족 구성원과 즐겁고 행복하게 지내는 방법, 어렵게 획득한 새로운 정보와 지식을 사회 공동체 모든 사람들과 함께 공유하며 사용할 수 있도록 정밀하게 가공해나가는 행위 등도 역시 평상시처럼 일관된 마음 자세로 반복 처리해서 타인에게 귀감이 되도록 노력해야 한다. 즉, 우리 주변에 자주 일어나는 일상생활을 부정적인 사고보다 긍정적인 사고로, 불평불만보다는 감사하는 마음으로, 악한 행동보다는 착한 행동으로 접근할 수 있게 평상시 우리 몸에 습관화시켜 가슴속 깊이 내면화되도록 실천하는 것이다. 그러면 우리는 더욱더 아름답고 행복한 삶을 이끌어가는, 올바르고 참다운 삶의 지혜를 잘 찾아가고 있는 것이다.

평상심시도는 "평상심으로 살아가는 것이 곧 도이다."라는 뜻으로 마음에 번뇌가 없고, 일상생활의 하나하나에 몰두할 수 있는 마음이 바로 도라는 것이다. 이는 중국 당나라 한 승려가 마조 도일선사(道一禪師: 709~788)에게 어떤 것이 도인가를 물었을 때 "평상심이 도."라고 한 데서 유래했다.

불교 경전인 『화엄경』에서는 "모든 것은 마음먹기에 달려 있다.(一切唯心造)"라고 했다. 인간이 행하는 모든 일은 평상시 마음가짐에 따라 결정된다는 것이다. 신라의 승려 원효대사(617~686)는 당나라로 유학길을 떠나던 도중 어두워져 동굴에 들어가 잠을 자다 목이 말라 어떤 바가지에 고인 물을 마시며 달고 시원함을 느꼈다. 다음 날 이 물이 해골바가지에 담긴 썩은 물인 것을 알고는 모든 것은 마음먹기에 따라 달라진다는 것을 깨달았다. 이 내용을 "마음이 일어나면 만법이 생기고 마음이 멸하면 만법이 소멸한다.(心生故種種法生 心滅故種種法滅)"라고 했다.

공자의 유교 경전 사서 중 하나인『논어』에서는 "아침에 도를 깨달으면 저녁에 죽어도 괜찮다.(朝聞道夕死可矣)"라는 말이 있다. 공자는 평상심을 갖고 아침에 깨우친 도를 낮에 열심히 대중에게 전파하고 저녁에 죽어도 여한이 없다는 마음을 가지고 일상생활을 실천하며 참다운 삶을 찾아간 성인 중 한 사람이다.

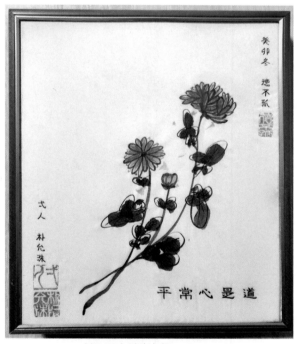

불교 교리: 평상심시도(예서, 국화)

II

현재를 즐기고 나눔을 배우는
삶의 지혜

만물은 정체되어 있지 않고 항상 변한다

시간은 쉬지 않고 앞으로 나아간다. 원시시대부터 현재까지, 눈에 보이지 않고 느끼지 못하는 미생물조차 조금씩 변해왔고 현재도 변하고 있으며 앞으로도 변해갈 것이다. 우리 주변에 있는 모든 것들은 잠시도 쉬지 않고 변하고 있으며 한곳에 정체되어 있는 일도 결코 없다. 그러므로 우리는 아무리 사소한 일이나 작은 사물일지라도 계속 새로운 시각으로 모든 것을 바라봐야 한다. 자연 속에 존재하는 모든 동식물 역시 계절에 따라 새로운 모습으로 생태적 변화를 일으킨다. 따뜻한 햇볕이 내리쬐는 계절이 돌아오면 대지에 파묻혀 있던 씨앗과 새싹은 햇볕을 보기 위해 낙엽을 비집고 땅 밖으로 나온다. 다양한 나뭇가지에는 새순과 꽃봉오리가 돋아나 각양각색의 아름다운 꽃을 피운다. 동면하던 동물들은 기지개를 펴고 활기찬 야외활동을 준비한다. 찬란한 태양빛과 강수량이 많은 시기에는 동식물이 잘 자랄수 있는 풍부한 에너지를 공급받아 곳곳을 푸른 숲과 울창한 나무로 가득 채운다. 아침저녁 기온 차가 심한 계절에는 푸른 나뭇잎들이 빨강, 노랑, 갈색 등 알록달록 아름다운 단풍잎으로 물들어간다. 과일나무는 풍성한 열매를 맺어 인간이나 동물들에게 맛있는 먹거리를 제공해준다. 매서운 추위와 눈보라가 몰아치는 계절에 식물들은 불필요한 나뭇잎이나 열매들을 모두 떨어뜨리고 앙상한 가지만 남겨놓고, 동물들은 야외활동을 줄이고 동면하거나 깊게 휴식을 취한다. 이뿐만 아니라 변하지 않을 것 같은 큰 바위도 계곡물이나 나뭇잎에서 떨어지는 물방울로 인해 눈에 보이지 않게 조금씩 깎여 조그만 조약돌로 변해간다.

인간에게도 매일 반복되는 평범한 일상생활이 매일 똑같이 반복되는 것 같지만 그렇지 않은 것이다. 매일 자고 나면 불필요한 세포는 죽고 새로운 세포가 생기며 생각이 바뀌고 신체가 변하면서 새로운 오늘을 맞이한다. 어느 날 어떤 주제에 대해서 토론하던 친구가 오늘은 새로운 생각과 사상을 가지고 과거와 다른 이야기를 한다고 이상하게 생각할 필요가 없는 것이다. 나의 생각과 사상이 수시로 변하듯이 그 역시 변한다는 것을 인정해야 한다. 모든 것은 고정된 것이 없고 시간이 흘러가면서 매일 새로운 모습으로 우리 앞에 나타난다. 어제가 오늘 같지 않고 오늘의 평범한 일상생활이 내일도 똑같이 반복된다고 볼 수 없는 것이다. 그러므로 아무리 힘들고 견디기 어려운 고난과 역경이 지금 당장 우리 앞에 닥친다 해도 언젠가는 사라진다는 자세로 대응하면서 찬란한 미래의 꿈과 희망을 갖고 편안한 마음으로 생활하는 것이 좋다.

부처가 임종할 때 제자들에게 "모든 것이 덧없다.(諸行無常)"라고 했다. 이는, 모든 것은 고정된 것이 없고 시간이 흘러가면서 계속 변한다는 것이다. 즉, 변화하지 않는 것은 죽은 것이나 다름없다는 것이다. 무상이란 이 현실세계의 모든 것이 끊임없이 변화하고 생멸하며 시간적 지속성이 없음을 말한다. 거기에는 항상 불변이란 것은 하나도 존재할 수 없다. 이와 같은 현실의 실상을 불법 수행할 때 등장하는 것이 삼법인(三法印) 중의 하나인 것이 제행무상이다. 경전에는 "사람의 무상에 대한 실상은 마치 큰 코끼리가 발로 개미집을 사정없이 무너뜨리는 일이 그러한 격이다. 코끼리는 개미집이 밟혔는지조차 의식하지 못한다. 그와 같이 시간의 신속함과 무상함은 사정을 두지 않는다."라는 이야기가 있다. 코끼리가 개미집을 밟는데 아무런 사정을 두지

참다운 인생을 위한 21가지 삶의 지혜

않는 이유는 코끼리의 눈에는 개미가 보이지 않기 때문이다. 그래서 부처는 무상의 원칙, 무상의 굴레에 밟혀 나가떨어지는 것을 코끼리 발밑에 깔려 죽는 개미에 비유한 것이다. 이것은 우리의 인생무상과 같은 것이다. 인생이 덧없기 때문에, 인간은 지위나 명예에 집착하는 탐욕을 버리고 오늘 하루의 소중한 생명을 방일(放逸)함이 없이 정진 노력해야 한다는 가르침이 불교의 정신적인 진의(眞意)라고 할 수 있다.

고언: 제행무상(예서, 다람쥐)

참다운 인생을 위한 21가지 삶의 지혜

알고 좋아하는 것보다
즐기는 것이 좋다

많이 안다는 것은 좋은 것이다. 초고속으로 변하는 무한 경쟁 시대에서 살아남기 위해서는 누구보다도 새로운 정보를 신속하게 입수해 자신의 것으로 만들어가야 한다. 새롭게 입수한 정보는 자신, 가족, 조직, 사회 등에 유익하게 활용할 수 있도록 가공해 사용자 모두가 좋아할 수 있도록 만드는 지혜도 필요하다. 그럼에도 불구하고 가장 중요한 것은, 아는 지식을 한 가지라도 자신 스스로 좋아하도록 만들어 이를 즐길 수 있도록 노력하는 것이다. 이게 어디 쉬운 일인가? 우리들이 아는 만큼 또는 배운 만큼 전 인류에게, 좁게는 국가·사회·조직에게, 더욱 좁히면 가족과 자신에게 일상생활 중에 제대로 반영하여 실천하고 행동하며 좋아하고 즐기는가? 우리 한번 냉정하게 분석하고 점검해볼 필요가 있다. 아마도 성인이 아닌 이상 아는 지식을 어느 누구에게

나 공평하게 적용하는 것보다 각자 자신에게 유리하도록 우선 적용하면서 자기를 합리화시키기 급급한 것이 대부분 사람들의 이기적인 사고방식일 것이다. 그나마 대중의 성인이라고 할 수 있는 몇몇 분만 자신보다 타인을 먼저 생각하며 행동하기 때문에 대중의 인기와 존경을 받는 것이다.

세상만사는 자연의 힘이 아니라 사람의 힘으로 이루어지는 일들이 대부분이다. 따라서 많은 일은 인간의 타고난 성품에 따라 다양하게 표출되고, 각 개인의 철학과 학풍, 생활양식에 따라 크게 세 가지 형태로 나타나는 것이다. 동양의 맹자 성선설에서는 "인간은 때어날 때부터 선하다."라고 했고, 서양학파 중 루소는 "자연이 만든 사물은 모두가 선하지만 인위(人爲)를 거치면 악으로 변한다."라고 했다. 반대로 동양의 순자 성악설에서는 "인간은 악하다. 선한 것은 인위(人爲)이다."라고 했고, 서양 기독교 윤리사상의 원죄설은 "인간은 태어날 때부터 죄를 짓고 태어났다."라고 한다. 사회계약론자 토마스 홉스는 종교 전쟁의 혼란을 목격하고, 모든 사람들은 살아남기 위해 "만인의 만인에 대한 투쟁"을 한다고 했다. 이것도 저것도 아닌 성무선악설의 입장도 있다. 동양의 고자는 "인간의 품성은 선하지도 악하지도 않다."라고 했으며, 서양의 에라스무스는 "인간이 태어났을 때는 완성되지 않은 밀랍과 같다."라고 했다. 이와 유사한 주장을 한 인물로는 백지설을 주창한 로크, 그리고 칸트, 듀이 등이 있다.

우리는 타고난 성품에 따라 선한 것이든 악한 것이든 자신이 배워 아는 지식의 범위 내에서 좋아하게 되는데 이를 좋은 방향으로 사용하면 주변 사람들로부터 칭찬과 존경을 받는다. 반면에 이를 나쁜 방향으로 사용하면 타인으로부터 비난과 경멸을 당하는 것이다. 인간은 언젠가는 이 세상을 떠나야 하므로 가능하다면 하나라도 제대로 배워 주변 사람들에게 도움이 되도록 실천하고 행동하는 것이 만인을 위한 올바른 행동이다. 한 예로 인간이 원자 핵분열을 이용한 원자력 에너지를 어떻게 활용하느냐에 따라 인류는 발전하거나 파괴될 수 있다. 인류를 발전시키는 측면은, 전기를 만드는 분야에 원자력 에너지를 잘 활용하면 일상생활에 편익과 혜택을 주는 것이다. 우라늄 1g은 석탄 3톤과 같은 에너지를 생산할 수 있을 만큼 에너지 밀도가 높으므로 비상시 연료를 비축하기도 쉽고 비용도 적게 든다. 또한 이산화탄소(CO_2) 배출량은 태양광의 1/5 수준으로 친환경적이고, 발전원가는 55원/kWh로 태양광의 23% 수준으로 경제성이 높은 것이다. 반면에 핵분열 시 나오는 방사능과 붕괴열을 차폐하지 못하면 방사선 피폭과 열로 인해 동식물의 생명에 치명적인 위험을 가한다. 또한 방사성 폐기물을 처리·저장·처분하는 문제들도 생긴다. 이것 이외에도 핵폭탄을 만들어 전쟁에 잘못 사용하면 인류를 파괴·전멸시킨다. 따라서 우리는 습득한 지식을 만인에게 유용하게 사용하여 모두가 좋아하고 행복하게 즐길 수 있도록 만드는 것이 필요하다는 것이다. 즉, 우리가 어느 지식이든 많이 아는 것도 중요하지만 이것을 현실에서 우선 자신이 좋아하고 즐길 수 있도록 만들고 더 나아가 가까운 이웃과 전 인류가 함께 활용할 수 있도록 만들어야 한다. 만약 우리가 인터넷, 책 또는 경험을 통해 알게 된 지식 어느 것이든 아는 것에 그치지 않고 이것을 일상생활 속에서 지속적으로 유용하게 사용하거나 활용하게 된다면 재미가 붙어 자신도 모르게 좋아지게 되고, 더불어 새로운 지식의 배움을 즐거운 마음으로 수시로 탐색해 자기 것으로 만들어나갈 수 있게 된다. 새로운 학문이나 과학기술 등을 배우기 위해 매일 노력하는 사람들은 자신이 좋아하는 일에 정신을 집중해 성취감을 높여나가기 때문에 밤잠을 자지 않아도 지칠 줄 모른다. 이런 행동이 좋아하는 단계를 넘어가면 자신이 좋아하는 일에 완전히 취해 고통과 고난도 잊어버리고 즐거운 마음으로 처리하게 되는 것이다. 자신이 너무 좋아해 자주 즐기는 취미생활을 견줘 가만히 생각해보면 알 수 있다.

『논어』의 「옹야(雍也)」 편 제18장에서 공자는 "아는 것은 좋아하는 것만 못하고, 좋아하는 것은 즐기는 것만 못하다.(知之者不如好之者 好之者不如樂之者)"라고 했다. 이는 "안다는 것은 진리가 있다는 것을 아는 것이다. 좋아한다는 것은 좋아만 했지 완전히 얻지 못한 것이다. 즐긴다는 것은 완전히 얻어 이를 즐기는 것이다."라는 내용이다. 따라서 우리는 많이 알고 좋아하는 것보다 하나라도 즐기도록 실천하는 것이 내 삶에 있어서 진정한 활력소가 되는 것이다. 이를 인용한 것으로, "어떤 것을 알게 되면 반드시 좋아하게 되고, 좋아하게 되면 반드시 찾게 된다.(知之必好之 好之必求之)"라는 말이 있다. 이 말은 백화점, 마트, 복지관, 교육센터, 문화관, 인터넷 등에서 많이 인용된다. 대부분 보통사람은 퇴근 후 또는 여가 시간을 활용해 좋아하는 취미와 문화활동, 쇼핑 등을 하며 즐긴다는 심리를 이용하여 다시 찾아오도록 만드는 것이다. 즉, 이들은 소비자와 시민들에게 도움이 되거나 즐길 수 있는 다양한 프로그램을 경쟁적으로 만들어 고객을 많이 유치하는 데 사용한다.

『명심보감(明心寶鑑)』에서는 "황금이 귀한 것이 아니요, 편안하고 즐거움이 보다 값있는 것이다.(黃金未是貴 安樂値錢多)"라고 했다. 자신의 취미를 즐기면서 편안하게 건강한 생활을 유지하는 것이 황금을 금고에 채워놓는 것보다 낫다는 것이다.

논어: 지지자불여호지자 호지자불여락지자(예서, 나팔꽃)

참다운 인생을 위한 21가지 삶의 지혜

욕심, 병, 고뇌가
적은 생활을 유지하자

너무 지나친 것은 조금 모자라는 것보다 못한 것이다. 가정 및 주변 환경, 아는 지식, 건강 상태, 나이 등을 감안하여 자신의 위치를 정확하게 분석해서 너무 과한 욕심을 부리지 말고 실현 가능한 목표를 가지고 추진하는 것이 바람직하다. 높은 이상과 목표를 설정해놓고 열과 성을 다해 최대한 노력을 기울여야 한다는 것은 당연한 일이다. 선천적으로 탁월한 재능이나 재주를 가진 사람이 이상적인 꿈과 희망을 갖고 특별한 말과 행동을 하는 것은 하늘이 내려준 재능이 있기 때문에 그럴 수 있다고 모두가 이해한다. 하지만 보통사람이 너무 이상적이고 허황된 꿈과 희망을 갖고 현실에 맞지 않는 말과 행동으로 일상생활을 계속한다면 주변 사람들로부터 미쳤거나 정신 나간 사람으로 오해받기 쉽다. 보통 평범한 사람으로 산다는 것은 자신의 위치에 맞는, 실현 가능한 꿈과 희망을 갖고 열심히 노력해서 얻은 결과물 그 자체로 만족하고 평온한 일상생활에서 소소한 행복을 느끼며 사는 것이다. 우리가 평생 획득한 많은 재물과 권력은 자신이 혼자 일궈낸 것이 아니라 주변 사람들의 도움으로 성취한 것이 대부분이다. 그러므로 지금 현재 과거보다 훨씬 나은 생활을 영위하고 있다면 남는 여유분은 나보다 어려운 이웃을 위해 사회에 기증하는 것이 좋다. 분수에 넘치는 과한 욕심은 오히려 화가 될 수 있다는 것이다. 대부분 어떤 사람이 갑자기 쓰러지는 것은 분수에 넘치는 너무 과한 욕심으로 자신의 건강을 관리하지 못한 조그만 병과 고민으로 시작된 것이 누적되어 일어난다. 기업체 또는 조직 파산 역시 아주 작은 경고와 조짐이 반복되었음에도 불구하고 이것을 주목하지 않았기 때문에 일어난다.

우리의 삶 역시 지식, 건강, 재물, 적선, 취미활동 등을 자신의 역량에 맞춰 골고루 잘 분배하여 사용해야 과거보다 즐겁고 행복한 삶을 이끌어나갈 수 있다. 삶은 마라톤 경주와 같이 힘의 안배에 있어 적절히 잘 분배해야 만수무강할 수 있다. 많이 배워 지식과 재물을 많이 얻었는데 건강하지 못하다면 천명을 누리기 어렵다. 건강을 잘 관리했는데 지혜가 부족하여 재물을 잘 관리하지 못하면 빈곤한 생활을 면하기 어렵다. 이외에도 지식, 재물, 건강을 잘 유지하며 관리하고 있는데 성격이 괴팍하거나 너무 이기적인 생활로 주변 사람들과 어울리지 못하면 고민이 많이 생기고 홀로 외롭게 지내게 된다. 그래서 가까운 이웃과 함께하는 취미 또는 문화활동 등을 하지 못해 우울증 같은 병이 생긴다면 이 또한 바람직한 생활양식이라 볼 수 없는 것이다. 따라서 보통사람은 분수에 넘치는, 실현 불가능하고 과한 욕심을 버리고 가능한 고민거리를 적게 만들도록 노력해야 한다. 평온하고 평범한 가정에서 건강관리를 잘 하면서 잔병치레를 자주하지 않고 오손도손 가족과 함께 즐기며 평화롭고 행복하게 살아간다면 이 자체가 자연 속에서 누릴 수 있는 최상의 천국인 것이다.

자운 스님(1911~1992)께서 법정 스님(1932~2010)에게 보낸 편지에, "적은 것으로 넉넉할 줄 알며, 적게 앓고 적게 걱정하라.(少慾知足 少病少惱)"라는 글귀가 있다. 이것은 421년 북량(北涼)의 담무참(曇無讖)이 한역한 책인 『북본열반경』에 나오는 말을 자운 스님께서 인용한 것이다. 법정 스님의 『살아 있는 것은 다 행복하라』라는 저서에서 이 글귀를 소개하고 있다.

노자의 『도덕경』에서는 "소유한다는 것은 리(利)이고, 써서 없애는 것은 용(用)이다.(有之以爲利, 無之以爲用)"라고 했다. 이용(利用)이라는 단어는 권력, 재물, 물건 등을 잘 이용하여 주변 사람들을 편안하고 행복하게 해준다는 의미로 많이 사용한다. 여기서 리(利)는 보통 권력, 재물, 물건 등을 많이 획득하거나 돈을 많이 버는 것이고, 용(用)은 이것들을 용도에 맞게 잘 소비하는 행위를 말한다. 우리가 경제활동이 왕성할 때 성실하게 노력하여 돈을 많이 벌어 획득한 권력, 재물, 물건 등을 노년기에 가족과 사회를 위해 제대로 사용하고 있다면 참다운 인생을 살고 있는 것이다. 또한 "도를 닦는 것은 날마다 비우는 것이다.(爲道日損)"라는 말이 있다. 이 말은 매일 자신을 비우면서 작은 욕심을 갖고 사는 것이 자연과 함께 살아가는 도를 닦는 것과 같다는 것이다. 경제활동이 적은 시기에는 많은 것을 내려놓고 적은 것에 만족할 줄 알며, 권력·재물·물건 등으로 인한 걱정을 적게 하여 무수히 많은 병을 적게 앓고 건강하게 생활하면서 자연과 함께 오래 사는 것이 바람직한 생활이라는 것이다. 한편 노자는 "천하의 큰일은 반드시 작은 것에서 터진다.(天下大事 必作於細)"라고 했다. 모든 일들은 어느 날 갑자기 일어나지 않고 아주 적은 것들이 수십 수백 번 반복하면서 큰 사건으로 발전한다는 것이다.

참다운 인생을 위한 21가지 삶의 지혜

전국시대의 형명가(刑名家) 한비(BC 280~BC 233)가 지은 『한비자(韓非子)』에서는 "천길 높은 둑은 개미나 땅강아지의 구멍으로 인해 무너지고 백 척 높이의 으리으리한 집은 아궁이 틈에서 나온 조그만 불씨 때문에 타버린다.(千丈之堤 以螻蟻之穴潰 百尺之室 以突隙之烟焚)"라고 했다.

북본열반경: 소욕지족 소병소뇌(예서, 새우)

돈 없이 베푸는 방법을 실천해보자

인간은 모든 생물 중에서 우수한 지능과 무한한 꿈을 갖고 주변 도구를 잘 이용할 수 있는 강한 존재이기 때문에 만물의 영장이라 불린다. 우리는 어디에서 어떤 삶을 살든 자신의 꿈과 이상을 펼치며 나름대로 최선을 다하며 열심히 살아간다. 어떤 사람은 어릴 때부터 열심히 공부해서 적성에 맞는 직업과 좋은 직장을 구해 높은 직위나 권력, 재물을 갖기를 원한다. 또 다른 사람은 타고난 재능을 일찍 발견하여 위대한 학자, 문학가, 예술가, 스포츠 등 각 분야에서 위대한 명예를 얻고자 온 힘을 다한다. 큰돈을 벌기를 원하는 사람은 주어진 재원을 적절한 곳에 잘 투자하여 큰 사업체를 이끌며 많은 돈을 모아 원하는 생활을 마음껏 즐긴다. 한편으로는 큰 욕심 없이 평범한 삶을 원하는 사람은 자신의 소소한 일상생활 속에서 작은 행복을 찾으며 만족하는 사람도 있다.

어느 것이든 잘났든 못났든 태어난 그 자체로 진정한 행복과 자유를 나름대로 누린다고 생각하며 타인과 함께 더불어 살아가는 것이다. 그러면서 자신에게 주어진 행복과 자유를 타인에게 빼앗기지 않고 삶의 의미와 가치를 찾아내기 위해 최선의 노력을 기울인다. 세상에서 일어나는 일들은 자신과 가족, 사회, 국가 위주로 우선 성장해나가는 방향으로 꿈과 희망을 펼쳐나가다 보니 세계 어느 곳이든 국가 또는 개인별 빈부격차가 심해지고 생활형태가 천차만별로 다양하게 나타난다. 보통사람의 경우 태어난 국가, 지역, 가정 등 주변 여건이 타인보다 상대적으로 나쁘면 특별한 경우를 제외하고는 아무리 노력해도 흙수저에서 은수저나 금수저로 반세기 안에 성장하기란 정말 어렵다. 그래서 이들은 자신이 먹고 싶은 음식이나 옷을 절제하고 밤잠을 덜 자며 일궈낸 성과물에 대한 애착이 많다. 또한 이들은 자신의 위치를 빨리 인정하느냐 인정하지 않느냐에 따라 자신의 삶에 대한 행복을 느끼는 차이가 상당히 다르게 나타난다. 이를 인정하지 않으면 자신의 위치와 생활수준에 불만이 가득차여 조그만 행복을 느끼지 못한다. 그러므로 우리는 가능하다면 젊은 시절에 이를 긍정적으로 인정하고 신분상승을 위해 최선의 노력을 다해야 한다.

만약 우리가 현재 자신의 주변 여건을 조금씩 개선해서 과거보다 좀 더 나아진 윤택한 생활을 하고 있다면 그 자체로 만족과 행복을 느낄 수 있어야 한다. 즉, 열과 성을 다해 얻는 현실적인 결과물이 크든 작든 자신이 최선을 다한 것에 박수를 보낼 수 있는 낙천적인 사고방식도 필요하다는 것이다. 인간은 사회적 동물이기 때문에 홀로 살 수 없으며 주변 사람들과 서로 도움을 주고받으면서 산다. 그러나 자신보다 타인을 먼저 배려하는 넓은 마음을 가진 성인처럼 인종차별이나 남녀차별 없이 만인을 사랑하며 살아가기란 그리 쉽지 않은 것이다. 대부분 자신이 어렵게 획득한 권력과 명예, 권위와 재물 등을 내려놓고 원천적으로 열악한 환경 속에 태어난 사람들을 정신적·물질적으로 도와주는 것은 그리 아깝지 않게 생각한다. 하지만 노력도 하지 않고 놀고먹는 베짱이 같은 사람들에게 아무 조건 없이 힘들게 모은 재원을 주는 것은 아깝게 생각하는 것이다. 보통사람은 타인으로부터 도움을 많이 받고 싶고, 남을 도와주는 것에는 인색한 것이 현실세계이다. 그래서 경제적으로 부유하다고, 많은 지식을 가지고 있다고, 힘센 권력과 직위를 가지고 있다고 해서 많이 베푸는 것은 아니다. 반대로 어려운 환경 속에 있는 사람들이 가진 것이 없다고 베풀 수 없는 것도 아니다. 타인에게 도움을 준다는 것은 자신이 가지고 있는 권력이나 재력의 높낮이가 아니라 베풀고자 하는 사람의 마음가짐에 따라 결정되기 때문이다. 자신의 현재 위치에서 큰돈이 없어도 타인에게 도움을 줄 수 있는 방법을 일상생활 속에서 찾아보면 많이 있다. 즉, 물질적·재정적인 도움이 아닌 정서적 또는 건강한 육체로 따뜻한 마음과 정을 담아 진심으로 타인을 도와줄 수 있는 것들이 우리 주변에 널려 있다는 것이다. 우리가 평상시 돈 없이도 행할 수 있는 선행을 조금씩 실천으로 옮긴다면 훈훈하고 풋풋한 정이 넘치는 밝은 사회는 자연스럽게 만들어질 것이다.

무재칠시(無財七施: 心施, 身施, 眼施, 和顔施, 言辭施, 房舍施, 床座施)는 재물 없이도 남을 도와줄 수 있는 7가지 보시를 말한다. 어떤 사람이 부처님을 찾아와 자신을 한탄했다. "저는 하는 일마다 제대로 되는 일이 없으니 이 무슨 이유입니까?" "그것은 네가 남에게 베풀지 않았기 때문이니라." "저는 가진 것이 아무것도 없는 빈털터리입니다. 남에게 줄 수 있는 재물이 있어야 주지 도대체 뭘 준단 말입니까?" "우바새여! 그렇지 않느니라. 재산이 아무리 없더라도 타인들에게 베풀 수 있는 일곱 가지 보시가 있느니라. 그 일곱 가지 보시란 화안시·자안시·애어시·심시·신시·상좌시·방사시이니라."라고 했다. 누구든지 경제적·금전적 도움이 아니더라도 일상생활 속에서 정서적·육체적으로 남을 얼마든지

참다운 인생을 위한 21가지 삶의 지혜

도와줄 수 있다는 가르침이 무재칠시이다.

① 심시(心施): 밝고 따뜻한 마음을 가지고 타인을 올바르게
이해할 수 있도록 노력하는 마음 자세이다. 서로 대화를
할 때 열린 마음으로 상대방을 대한다면 공감대가 형성되
어 불편함이나 오해를 없애고 편안하고 평화로운 마음의
정을 전달하는 데 도움을 준다.

② 신시(身施): 일상생활 속에서 나이가 많거나 신체가 불편
한 사람들에게 육체적으로 힘든 소소한 일들을 도와주는
것이다. 이런 일을 할 때는 상대방이 불쾌해하거나 무례하
게 느끼지 않도록 도와주는 것이 상대방의 인격을 존중해
주는 바람직한 마음 자세이다.

③ 안시(眼施): 남을 대할 때 편안하고 부드러운 눈길로 바라
보는 것이다. 이것은 상대방에게 신뢰감을 주고 불안감을
없애주는 데 도움이 된다.

④ 화안시(和顔施): 얼굴에 미소를 머금고 부드러우며 환한
얼굴로 남을 대하는 것이다. 웃는 얼굴로 상대방을 대하
면 친분이 없거나 초면인 상태에서도 대화와 주변 분위기
를 밝게 만들어준다.

⑤ 언사시(言辭施): 상대방이 희망과 기쁨을 느낄 수 있도록

부드럽고 고운 바른 말을 쓰는 것이다. 우리 속담에 "말 한마디로 천 냥 빚도 갚는다."라는 말이 있다. 말이라는 것은 자신의 인격을 표현하는 것으로, 말할 때 어떻게 표현하느냐에 따라 "복을 받아들이냐 또는 화를 초래하느냐"가 결정된다는 얘기이다.

⑥ 방사시(房舍施): 타인에게 잠시 쉬거나 잠을 잘 수 있는 방을 제공해주는 것이다. 예를 들어, 자연재해 또는 전쟁 등으로 집을 잃은 사람, 갑작스런 비바람이나 강설 등으로 잠시 피하거나 기거할 곳이 필요한 사람, 한국문화를 체험하기 위해 가정을 방문한 외국인에게 방을 제공해주는 행위 등이 있다.

⑦ 상좌시(床座施): 버스나 지하철, 공공장소에서 노약자나 임산부에게 자신의 자리를 양보해주는 것이다. 이것 이외에도 나이가 들면서 새로운 시대에 적합한 젊은 인재들에게 후진 양성을 위해 자신의 권력이나 직위, 자리 등을 내주는 행위도 포함할 수 있다.

불경: 무재칠시(예서, 호랑이)

덕을 베풀면 외롭지 않고 이웃이 생긴다

현대인은 공동체 사회생활에 적극적으로 참여하고 싶지만 세상이 나를 있는 그대로 받아들이질 않아 주변 사람들로부터 알게 모르게 소외를 당해 홀로 남아 있다는 생각에 외로움을 느낀다. 예를 들어 가정형편이 좋지 않아 같은 또래들로부터 따돌림을 당하는 아이, 좋은 대학을 가지 못할까 두려움에 갇혀 지내는 수험생, 대학을 졸업하고도 실업자로 떠도는 취업준비생, 빨리 결혼하고 싶은데 적합한 배우자를 찾지 못한 미혼 남녀, 이외에도 자신이 원하는 직업(의사, 변호사, 연예인, 체육인, 예술가 등)을 성취하지 못한 사람들 역시 세상으로부터 소외를 당하고 있다고 느끼는 것이다. 그러나 인간은 재벌, 권력자, 대학자, 유명스타 등 어느 누구나 똑같이 소외감을 느끼며 삶의 고통과 고뇌를 이겨내면서 힘들게 살아가는 것이다. 물질만능주의 시대

참다운 인생을 위한 21가지 삶의 지혜

를 살고 있는 현대인은 인간적 가치의 자아실현보다 타인의 이목에 신경을 쓰거나 타인과 비교하면서 경제적 성공 여부에 관심을 갖다 보니 자기 만족감을 느끼질 못하고 소외감을 느낀다. 진정한 삶의 의미는 자신만의 물질적 욕구 충족이 아니라, 주변 사람들과 더불어 살아가면서 참다운 인간성을 찾는 데 있다. 인간은 여럿이 모여 사는 공동체 생활 속에서 타인을 넓게 이해하고 공정하게 받아들이는 마음을 갖고 덕을 갖춘 인간적인 사람으로 성장해야 존경을 받는다. 겸손함과 덕을 갖춘 사람은 도덕적·윤리적 이상을 실현해나가는 인간적 능력이 특출하여 나보다 타인을 먼저 배려하고 사랑과 자비를 베푸는 것을 즐긴다. 이들은 자신의 수준과 위치 등 높낮이에 관계없이 공정하고 공평하게 상대방을 대하려고 평생 노력한다.

보통사람은 유명한 성인들만큼 많은 덕행을 실천하지 못하지만 그들의 행위 중 일부는 마음만 먹으면 얼마든지 따라 할 수 있다. 우리의 일상생활 속에서 일시적으로 일어나는 작은 선행들은 자신의 가슴속에 따뜻한 마음만 가지고 있으면 언제든지 곧바로 실천할 수 있다는 것이다. 예를 들어 작은 구멍가게에서 구두수선이나 음식 장사로 남긴 이익금을 모아 불우이웃을 위해 기부하는 일, 천재지변으로 생긴 이재민을 위해 작은 성금을

내는 일, 지갑을 잃어버린 급한 사람에게 차비를 주는 일, 비좁은 공공장소에서 한 발씩 뒤로 양보해주는 일, 양손에 가득 든 물건을 운반하는 도중 떨어뜨린 물건을 주워주는 일, 노인이 가파른 언덕길을 힘들게 오를 때 손을 잡아주는 일, 넘어져 우는 아이에게 손을 내밀어 일으켜주고 달래주는 일 등등 주변에 작은 덕을 베풀 수 있는 일이 수없이 많이 있다. 그러므로 우리는 일상생활 속에서 수시로 일어나는 아주 작은 선행일지라도 주변 사람들을 도와주려는 마음과 행동이 습관화되도록 노력해야 한다. 이런 작은 선행들이 쌓이고 쌓이면 좋은 습관이 되어 가까운 이웃으로부터 입소문이 퍼져 결코 홀로 외롭게 지내는 일이 없다. 평화롭고 편안한 사회는 어느 특정한 사람이 만드는 것이 아니라 보통사람이 행한 작은 선행들이 모이고 모여 살기 좋은 사회가 형성되는 것이다. 이를 실천하기 위해서는 무엇보다도 자신의 육체와 마음·정신·감정을 잘 관리해야만 타인에게 선행을 베풀 수 있는 기회가 생긴다. 그러나 자신이 아무리 착한 일을 하고 싶어도 자신의 위치와 건강 상태에 따라, 또는 오래된 관습·사상·종교 등의 문제에 따라 힘이 닿지 않는 곳이 있다. 따라서 우리는 주어진 여건 속에서 자신을 먼저 다스리고 가족을 돌보면서 주변 이웃에게 덕을 베푸는 마음을 갖도록 노력해야 한다.

유교 경전의 오경 중 하나인 『주역』의 문언이다. "군자는 공경으로써 마음을 바르게 하고 의로움으로써 외모를 반듯하게 한다. 공경과 의로움이 섰으니 덕은 외롭지 않다.(君子敬以直內 義以方外 敬義立而德不孤)" 이를 공자가 심화시켜 『논어』의 「이인(理仁)」 편에 "덕을 베풀면 외롭지 않고 반드시 이웃이 있다.(德不孤 必有 隣)"라고 했다. 덕이 있으면 반드시 따르는 사람이 있으므로 외롭지 않아 반드시 이웃이 있다는 뜻이다. 덕을 지닌 사람은 다른 사람을 평온하고 화목한 길로 인도해주면서 함께 그 길을 나아가므로 외롭지 않은 것이다. 너그러운 아량으로 매우 좋은 일을 하는 덕스러운 사람은 때로는 고립되어 외로운 순간이 있을지라도 같은 무리들이 함께 어울리며 유유상종하는 것처럼 덕을 갖춘 사람에게는 반드시 그와 비슷한 사람들이 따르기 마련이다. 즉, 훌륭한 일을 하는 사람은 한때 고립되고 남의 질시를 받을 수도 있지만 결국 정성이 통해 이에 동참하는 사람이 나온다는 말이다. 「위정(爲政)」 편에서는 "정치는 덕으로 해야 한다.(爲政以德)"라고도 했다. 덕을 갖춘 훌륭한 지도자는 법이나 규칙 등으로 조직이나 국민을 강제하고 형벌로 다스리기보다는 덕으로 배려하고 타인을 존중하며 믿음을 갖게 하여 그들 마음을 움직이도록 한다는 말이다. 훌륭한 리더는 자신의 내면에서 우러나오는 따뜻한 마음으로 타인을 인간적으로 배려하고 존중

함으로써 조직원들의 마음속 깊이 스며들어 그들의 구심점이 되어 조직을 잘 이끌어가는 것이다.

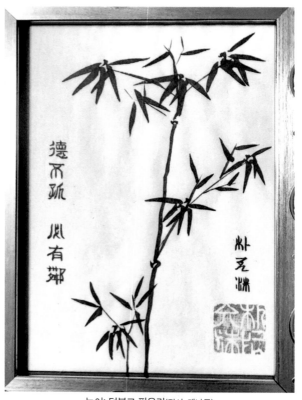

논어: 덕불고 필유린(전서, 대나무)

참다운 인생을 위한 21가지 삶의 지혜

최선을 다한 후에
행운을 바란다

우리는 살아가는 과정에서 수많은 사람들과 경쟁하여 결과물을 성취한다. 대부분 경쟁은 지식 또는 재물이 많거나 육체적·정신적으로 강해야 이길 수 있다. 하지만 정신적·물질적·육체적 우월성과 관계없이 제비뽑기, 사다리타기 등을 통해 수천만 또는 수억 분의 일에 해당되는 확률로 복권에 당첨되기만을 바라는 사람들도 있다. 이들은 대부분 가벼운 맨손체조나 산책도 작심삼일 만에 포기하거나 소소한 계획도 몇 년을 지속적으로 최선을 다하지 않고 고통과 노력 없이 요행만 바라는 경우가 많다. 보통사람은 어느 분야에서든 피와 땀을 흘리며 온 정성을 다해 최선의 노력을 기울여도 원하는 시기에 자신의 목표를 성취하기가 쉽지 않다. 그래서 이들은 자신이 원하는 목표를 성취하기 위해 자신이 잘하는 분야에서 관련 도서를 수집해 보고, 관련 전문가들과 토론을 거쳐 논리적이고 합리적으로 자신의 의사를 표현할 수 있는 능력이 몸에 배도록 노력하는 것이다. 즉, 이런 행동이 몇십 년동안 일상생활 속에서 지속적으로 실천해서 습관화되고 내면화되었을 때 성공 가능성이 높아지는 것이다. 학자들은 수많은 관련 책들을, 정치인은 민심 파악을, 연예인은 관중 인기를, 체육인은 체력을 단련하고 기술을 연마해서 타인과의 경쟁을 통해 최고가 되어야 학교·직장·국가·세계에서 인정받을 수 있다. 이것이 결코 쉬운 과정이 아니라는 것을 알면서도 일생일대의 원대한 꿈과 희망을 성취하기 위해 우리 모두 열과 성을 다하는 것이다. 어떤 상황에서도 요행을 바라지 않고 오랜 세월의 인내와 노력으로 다져놓은 상태에서 결전의 순간에 경쟁자들과 겨뤄 최선을 다하고 마지막으로 하늘이 내려주는 행운을 바라는 것이다. 이것이 올바른 삶의 자세인 것이다. 반면에 불행 중 다행이라는 말과 같이 행운이 따라 죽음이나 큰 사고를 면하는 경우도 있다. 예를 들면 자동차, 기차, 항공기 등 대형사고 속에서도 다친 곳이 없이 살아남거나 가벼운 찰과상으로 끝나는 경우, 길을 걷다가 건물에서 떨어지는 물건을 아슬아슬하게 피한 경우, 차를 타고 산길을 가다가 산사태를 면한 경우, 무너진 건물 또는 붕괴된 수백 미터 탄광에서 며칠간 갇혀 있다가 살아남는 경우 등이 있다. 그러나 이것 역시 평상시 마음속에 내재되어 있는 인간의 생존 본능이 발동해 어떻게든 살아보려고 죽을힘을 다해 최선을 다했기에 천운이 따라줘 죽음을 면하는 것이다.

하늘과 사람은 할 일이 따로 있어 서로 대신해주지 않거니와 대신하지도 못한다. 우리는 따뜻한 봄날에 밭을 열심히 갈아 거름 주고 씨를 뿌려 아름다운 꽃을 피우며 신선한 채소를 수확해야 신선하고 풍부한 식단을 마련할 수 있다. 그러나 풍년 또는 흉년은 자연의 변화에 따라 결정되므로 우리의 삶을 더욱 행복하게 만드는 것은 어떤 결과물이든 이를 겸허히 받아들이겠다는 마음 자세에 달려 있는 것이다. 아무리 학력이 높고, 재산이 많고, 노력을 많이 기울여도 하늘의 운이 따르지 않으면 이룰 수 없는 일들이 인간에게는 간간이 있다. 이런 것들은 인간의 힘으로 어쩔 수 없는 일이므로 우리의 현재 위치에서 최선을 다하고, 잘되고 못되는 것은 하늘의 몫으로 남겨두는 것이다. 우리가 살고 있는 지구는 약 5천억 개의 광대한 은하계 중 한 은하계의 작은 행성에 불과한, 아주 미미한 존재이다. 이곳에서 만물의 영장이라는 인간이 우수한 첨단과학기술을 통해 타인이나 자연을 지배하려고 발버둥치고 있지만 우리가 풀지 못하는 불가사의한 기적들이 곳곳에서 수없이 일어난다. 이런 기적은 현재의 과학기술로는 심리적으로로든 과학적으로든 어느 것으로도 측정할 수 없는 일이다. 아무리 천재적인 두뇌를 가진 개인, 풍부하고 우수한 재능을 가진 종족이라도 이를 증명해줄 수 있는 인간은 없다. 결국 인간이 최선의 노력을 해도 신을 결코 따라갈 수 없는 일들이 이 지구에 많이 있다는 것을 인정하고 사는 것이다. 그러므로 우리가 살아 있는 동안 노력할 수 있는 일을 다해보고, 기적과 같은 최종 결과물은 사람의 몫이 아닌 하늘의 몫에 달려 있다는 것을 받아들이는 것도 현실을 대하는 긍정적인 사고방식일 것이다. 불가사의한 기적 같은 행운은 평상시 최선을 다한 결과물과 천운이 잘 맞아 떨어져 일어난다. 따라서 자신이 존재하는 세대에 해결할 수 없는 일들은 후손이나 하늘에 맡겨놓는 슬기로운 지혜도 필요한 것이다. 특히 평범한 삶을 추구하는 보통사람은 자신이 타고난 본성과 재능으로 노력한 만큼 얻은 결과물 그 자체에 만족하며 즐겁게 사는 것이다. 그리고 남의 눈치를 보지 말고 자기 스스로 정한 올바르고 참다운 삶을 당당하고 떳떳하게 살아가는 것이 멋있고, 아름답고, 행복한 삶이다.

진인사대천명(盡人事待天命)은 『삼국지』의 수인사대천명(修人事待天命)에서 유래한 것으로, "사람으로서 자신이 할 수 있는 어떤 일이든지 노력하여 최선을 다한 뒤에 하늘의 뜻을 받아들여야 한다."라는 의미로 쓰인다. 중국 삼국시대(220~280)에 유비의 촉나라가 오나라와 연합하여 위나라와 적벽에서 전투를 벌이고 있을 때, 촉나라의 명장 관우는 제갈량으로부터 위나라의 조조를 죽이라는 명령을 받았으나 예전에 그에게 신세진 일이 있어 차마 죽일 수 없었다. 결국 관우는 화용도에서 조조의 군대를 포위하고도 퇴로를 열어주고 그가 달아나도록 하였다. 제갈량은 다 잡은 적장을 살려준 관우를 처형하려 했지만 유비의 간청으로 그를 살려주면서 다음과 같이 말했다. "천문을 보니 조조는 아직 죽을 운명이 아니므로 일전에 조조에게 은혜를 입었던 관우로 하여금 그 은혜를 갚으라고 화용도로 보냈다. 내가 사람으로서 할 수 있는 방법을 모두 쓴다 할지라도 목숨은 하늘의 뜻에 달렸으니, 하늘의 명을 기다려 따를 뿐이다.(修人事待天命)" 『명심보감』(1393) 「순명편(順命篇)」에서 공자는 "죽고 사는 것은 운명에 있고 잘살고 귀하게 되는 것은 하늘에 달려 있다.(子曰, 死生有命 富貴在天)"라고 했다. 하늘은 스스로 돕는 자를 돕는 것이지, 제 할 일을 하지 않는 사람까지 돌봐주지는 않는다는 뜻이다. 자신이 할 수 있는 모든 정성과 열의를 다하고 나서 죽고 사는 문제와 부자가 되고 귀하게 되는 것은 하늘의 뜻에 맡겨야 한다. 그러면 하늘은 결코 외면하지 아니하고 모든 정성과 열의를 다한 자에게 복으로서 보답한다는 것이다.

공자는 죽음보다 삶을 더 중시하면서 살아 있는 사람들끼리의 질서, 즉 윤리와 도덕에 더 관심을 가졌다. 제자인 자로가 죽음에 대해 물었을 때 "삶에 대해서도 모르거늘 어찌 죽음에 관하여 알겠는가?(未知生焉知死)"라고 대답하였다. 우리가 죽음에 이르기 전에 삶이 앞서 있어 지금 현재 사는 의미를 깨닫게 되면 죽음은 저절로 알게 되고, 삶에서 참으로 소중한 것이 무엇인지 알게 되면 모든 일에 대한 완벽함이 아니라 인간적인 것을 추구하게 된다는 것이다.

참다운 인생을 위한 21가지 삶의 지혜

고언: 진인사대천명(전서, 물고기)

해와 달, 바람 등
자연을 마음껏 즐기자

인간은 하늘과 대지, 산과 바다, 해와 달, 식물과 동물 등이 어우러진 대자연 속에서 일어나는 모든 현상을 있는 그대로 받아들이고 즐길 줄 알아야 한다. 인간의 힘으로 만들거나 조정하지 않는 상태에서 자연적으로 일어나는 바람소리, 계곡에 흐르는 물소리, 깊은 산 속에서 울부짖는 야생 동물 소리, 온갖 새들과 곤충들이 지저귀는 소리, 밤하늘에 떠 있는 밝은 별과 달 등을 조용히 귀를 기울여 듣고 눈으로 보고 있으면 마음이 평화로워진다. 이것뿐만 아니라 사계절에 따라 식물들이 변화무쌍하게 다양한 모습으로 변하는 자연을 유심히 관찰하고 생각해보면 신기하기 그지없다. 자연 생태계는 인간이 조정하지 않는 한 약육강식의 법칙에 따라, 환경적인 변화에 따라, 돌연변이에 따라 각양각색으로 우리 눈에 보이지 않게 쉬지 않고 변하고 있다.

참다운 인생을 위한 21가지 삶의 지혜

그래서 현재 세계 곳곳에서 수시로 일어나고 있는 기적이나 돌연변이들은 인간이 보유하고 있는 첨단과학기술로는 해결할 수 없는 자연현상이므로 이를 겸허한 마음으로 받아들이는 것이다. 우리는 남극을 98%가 만년빙원으로 덮여 있는 곳으로 알고 있지만 한때는 얼음이 없는 따뜻한 곳이었다가 다시 얼어붙기를 반복한 장소로 변화가 많은 곳이었다는 것을 뉴질랜드 지질학자 피터 배럿 교수가 밝혀냈다. 그는 남극 빙산에 구멍을 뚫어 1㎞ 이상 되는 지점에서 따뜻한 곳에 살았던 조류와 화분 등의 생명체를 발견한 것이다. 이곳은 수백만 년 전에 4만 년 주기로 확장과 축소가 반복되었고, 약 3,000만 년 전에는 남극 해안 지역 일부가 푸른 초원으로 뒤덮여 있을 정도로 기온이 섭씨 12도까지 올라갔다고 한다. 이것을 영국, 미국, 일본 과학자로 구성한 다국적 연구팀도 약 5,500만~4,800만 년 전에는 남극 대륙의 평균 기온이 섭씨 16도로 따뜻한 기후였다는 것을 2012년 8월 과학 전문지 「네이처」에서 밝혔다. 이와 같이 우리가 살고 있는 현 지구는 변하지 않고 그대로 정체되어 있는 것처럼 보이지만 다양한 생물체에 의해 끊임없이 조금씩 변하고 있는 것이다. 그러므로 산책길에 아름답고 곱게 피고 지는 민들레, 붓꽃, 현호색, 비비추, 곰취, 패랭이꽃, 구절초, 마타리, 참취, 동백, 초롱꽃 등을 그냥 지나칠 것이 아니라 지금 내 앞에 놓여 있는 다양한 꽃들이 자연 생태계의 이치에 따라 계절별로 변하는 모습을 다시 한번 관찰해보며 자연과 함께 즐기며 살아가는 것이다.

자연의 일부인 우리도 어제와 오늘이 다르듯이 앞으로 어떻게 변할지 알 수 없다. 인간은 지구상에 놓인 모든 것들이 변한다는 진리를 잘 알면서도 자신이 현재 쥐고 있는 부귀영화가 변하지 않고 평생 고정되어 있을 것처럼 생각하고 행동한다. 반면에 지금 자신에 처한 고난과 고통이 영원히 이어질 것처럼 전전긍긍하고 초조해하기도 하는 것이다. 견디기 어려운 고통과 고난은 빨리 없어지길 바라고, 부귀영화는 영원히 간직하기를 원하지만 이것은 고정되어 있지 않고 어느 순간에 자신도 모르게 음과 양이 자연스럽게 바뀐다. 모든 생명체는 세월이 흐르면 언젠가는 혈기왕성한 상태에서 에너지가 고갈된 상태로 변하면서 죽음을 맞이한다. 하지만 우리는 다가올 죽음에 대해서는 생각하고 싶지 않은 먼 미래의 일로 생각하고 지금 현재 일상생활에 얽매어 헤어나지 못하고 있는 것이다. 자연의 이치는 억지로 변하지 말라고 사정하고 붙잡으려 발버둥 쳐도 안 되는 것이다.

우리는 살아 있는 동안 자신이 성취할 수 있다고 상상하는 목표를 향해 최선의 노력을 다해보는 것이다. 그러나 우리가 각고의

참다운 인생을 위한 21가지 삶의 지혜

노력 끝에 얻은 부귀영화도 꿈처럼 덧없이 어느 순간에 사라지고, 허황된 이상적인 목표는 한낱 꿈에 불과한 부질없는 일이며 쓸모없다는 생각이 들 때가 생긴다. 이때는 자신의 목표를 다시 한번 생각해보고, 지금 실현 불가능한 것은 내려놓고 자연과 함께 더불어 살아갈 수 있는 새로운 목표를 찾아보는 것이 참다운 삶의 지혜이다. 즉, 누구에게나 열려 있는 자연의 신비로움과 아름다운 변화의 모습을 돈 없이도 마음껏 자유롭게 즐기고 피부로 느끼며 지금 살아 있음에 감사하는 마음으로 지혜롭고 평화로운 행복한 인생을 찾아가는 것이다.

이백(701~762, 태백)의 시 「양양가(襄陽歌)」 중에 "맑은 바람 밝은 달은 돈 없이도 살 수 있다.(淸風明月 不用一錢買)"라는 내용이 있다. 태백이 양양 땅을 지나면서 느낀 소회를 적은 것으로, 주로 정치와 부귀공명이 허무한 것이므로 호방하게 술을 마시며 자연을 즐기자는 내용을 담고 있다. 그는 중국 당나라 때의 최고 시인으로 시선(詩仙)이라 불렸으며, 그 당시의 두보와 함께 이두(李杜)라 불리기도 했다.

소동파(1037~1101)의 「적벽부(赤壁賦)」에서는 "저 강상의 맑은 바람과 산간의 밝은 달이여, 귀로 들나니 소리가 되고 눈으로 보노니 빛이 되도다. 갖자 해도 금할 이 없고, 쓰자 해도 다할 날이 없으니, 이것은 조물의 무진장이다.(惟江上之淸風 與山間之明月 而得之而爲聲 目遇之而成色 取之無禁 用之不竭 是造物者之無盡藏也)"라고 했다.

양양가: 청풍명월 불용일절매(예서, 풍경화)

빈손으로 태어나
빈손으로 마무리한다

인간은 어느 곳에서 태어나든 자연의 공기를 마시는 순간에는 아무것도 손에 쥐지 않고 태어난다. 하지만 주변 여건에 따라 태어나는 순간부터 빈부격차가 심하게 나타나고 삶의 여정이 많이 다르게 전개된다. 문명이 발달하고 지하자원이 풍부한 나라의 부잣집에서 태어난 사람은 좋은 교육환경에서 지식을 넓히고 다양한 취미생활을 즐기면서 여유롭게 살아간다. 반대로 문명이 발달되지 않고 지하자원도 부족한 나라의 가난한 집에서 태어난 사람은 밤낮을 가리지 않고 노동과 공부를 열심히 해야 자신의 원하는 시기에 꿈과 희망을 어렵게 성취할 수 있는 것이다. 조금은 불공평하지만 이것은 인간이 어떻게 할 수 없는 것이다. 태어난 곳이 어느 곳이든 평생 최선의 노력을 다하면서 현재보다 좀 더 나은 행복한 세상을 만들려고 노력하는 것은 전

참다운 인생을 위한 21가지 삶의 지혜

인류에게 공통된 삶의 과정인 것이다. 누구든지 태어날 때부터 자신이 원하는 곳에서 태어날 수 있게 선택할 수 있다면 주변 환경이 좋은 부유한 나라의 부잣집에서 태어나길 원할 것이다. 그러나 이것은 인간이 선택할 수 없는 불가능한 일이라는 것을 빨리 인정하고 주어진 주변 여건을 조금씩 최대한 좋은 환경으로 바꿔나가는 데 최선을 다해 노력하면서 살아가는 것이다. 국내외의 역사에 이름을 영원히 남기는 사람들 중에는 자신이 태어난 장소의 열악한 환경을 이겨내기 위해 엄청난 고통과 고난을 인내하면서 근면성실한 자세로 이를 극복하여 좋은 환경으로 변화시켜 크게 성공한 사람들이 많이 있다. 이들이 유명해진 이유는 자신이 태어난 위치와 환경을 그대로 받아들이고 부유한 나라의 부잣집 사람들보다 백 배, 천 배 꾸준히 노력해서 만인이 인정하는 뚜렷한 결과물을 세계에 내놓았기 때문이다.

대부분의 보통사람은 태어난 장소에서 훨씬 낮고 행복한 일상생활을 영위해나가기 위해 유치원부터 영재학원, 취미활동, 체력단련 등을 열심히 갈고닦아 우수한 대학을 나와 좋은 직장에 들어가서 관련 지식을 넓히고 재물을 늘려가는 것이다. 0에서 100을 채우는 것이 인간의 성과물이라 생각한다면 20만 가지고 태어난 사람은 80을 채우기 위해 피눈물 나는 많은 노력이 필요하다. 하지만 80을 가지고 태어난 사람은 여유롭고 즐거운 취미생활을 하면서 20만 채우면 된다. 세계 전체 인구의 20%에 해당하는 여유로운 사람들은 태어날 때부터 부자이거나 태어난 곳의 가난과 역경을 슬기롭게 극복해서 노후에 자유롭고 평화롭게 생활하는 성공한 사람들이다. 이 중에서 가난하게 태어난 사람들은 자신에게 놓인 엄청난 고통과 고난을 피할 수 없는 삶의 과정이라 생각하고, 어려운 여건을 극복하기 위해 즐거운 마음으로 성심성의껏 끊임없이 현실을 개선했다는 것을 여러 자료들을 통해 우리에게 전해준다. 그리고 나머지 평범한 사람들은 뚜렷한 빈부격차를 인정하면서 자신이 원하는 목표를 하나둘씩 채워나가는 과정에서 얼마나 노력했는가에 따라 천차만별의 다양한 삶을 살아간다. 결국 우리는 대략 백 년 동안 열심히 노력해 획득한 지식, 재물, 권력, 권위, 명예 등 어떤 결과물이든 죽을 때 후손들에게 물려주고 태어날 때와 같이 빈손으로 마무리한다. 이것은 부자이든 가난하든 똑같은 과정을 밟는다. 그러므로 인생에서 자신의 주변 여건에 맞게 열심히 일해서 지식과 돈, 명예와 직위 등을 많이 축적하는 것도 중요하지만 행복하고 풍요로운 삶을 위해 놀이문화와 취미활동을 적절히 즐기며 사는 방법도 함께 배워나가야 한다.

참다운 인생을 위한 21가지 삶의 지혜

지식을 넓히고 재물과 명예 등을 쌓는 데 평생을 바쳐 생활하다가 육칠십 세가 되기도 전에 건강을 잃어 걷지 못하거나 거동이 불편해 즐거운 취미생활과 원하는 놀이문화 등을 즐길 수 없다면 즐겁고 행복한 풍요로운 삶을 살아왔다고 볼 수 없는 것이다. 그동안 열심히 모아온 지식과 재물 등을 자신이 쓰고 싶은 곳에 제대로 사용해보지도 못하고 원하지도 않았던 병원비 등으로 많은 비용과 시간을 소비하며 유한한 삶을 마감하는 경우도 생기기 때문이다. 돈이나 권력은 물론이고 명예도 역시 자신의 죽음과 함께 한순간에 사라진다. 자신이 죽은 후에는 생전에 누렸던 명예 역시 무의미해진다. 이것은 살아 있는 후손들에게 그렇다는 것이 아니라 삶을 마감한 자신에게 모든 것이 무의미해진다는 것이다. 결국 우리의 육체는 언젠가는 한 줌의 흙으로 변해 자연으로 돌아가고, 사후에 남는 것은 살았을 때 평생 성취한 성과물과 이름만 후손에게 남기고 떠난다. 따라서 보통사람은 사회에 큰 이름을 남기지는 못할지라도 착한 일과 올바른 일을 많이 해서 이웃으로부터 인정받아 주변의 따뜻한 온정이 후손에게 닿을 수 있게 한다면 후손들은 나름대로 평범하고 소박한 삶을 잘 살아온 선조들을 자랑스럽게 생각하며 자부심과 긍지를 갖고 생활할 것이다. "호랑이는 죽어서 가죽을 남기고 사람은 죽어서 이름을 남긴다."라는 옛말과 같이 그들은 잘 살아온 것이다.

한국의 최고 갑부인 삼성그룹 창업자 고(故) 이병철 회장과 그의 아들 이건희 회장은 국내 최대 기업인 삼성을 이끌면서 태어날 때 빈손으로 왔다는 것을 늘 생각하고 생활해왔다고 한다. 그러면서도 끊임없이 변화를 추구하며 새로운 것을 창의적으로 창출하면서 국내외에서 유명한 대기업으로 성장시켰지만 마지막으로 세상을 떠나는 길에서는 남들처럼 조용하고 소박하게 빈손으로 마무리한 것이다. 미국의 억만장자 사업가이면서 비행사, 공학자, 영화제작자인 하워드 휴즈가 유언장을 통해 어느날 친절하게 낡은 트럭을 태워주며 25센트의 차비를 건네준 네바다의 멜빈 던마르에게 그의 유산(약 250억 달러) 중 1/16인 1억 5,000만 달러(약 1,800억 원)를 남겨주면서 마지막으로 한 말은 Nothing(아무것도 아니야)이다.

원불교의 교서 중 하나인 『정산종사법어』 제14 「생사편」 9장에 "빈손으로 왔다 빈손으로 간다.(空手來 空手去)"라는 말이 있다. 이것은 인생의 무상과 허무를 나타내는 유사한 말로 풀이된다. 인간은 이 세상에 태어날 때 아무것도 손에 들고 온 것이 없이 빈손으로 태어나는 것처럼, 죽어갈 때도 일생 동안 내 것인 줄

참다운 인생을 위한 21가지 삶의 지혜

알고 애써 모아놓은 모든 것을 그대로 버려두고 빈손으로 죽어 간다는 것이다. 그러므로 재물이나 권세나 명예 등을 지나치게 탐하지 말고 분수에 맞게 편안히 살면서 본래의 마음을 찾는 공부에 노력하라는 가르침을 주고 있다. 인간이 죽어갈 때 꼭 가지고 가야 할 중요한 것은 바로 청정일념(淸靜一念)이라는 것 이다.

노자의 『도덕경』에서는 "있다는 것은 이익이 되고, 없다는 것이 진정 쓸모가 있는 것이다."라고 했다. 인간은 자기 역량에 맞게 학식, 권력, 재물 등을 획득하기 위해 열심히 노력해 채워나가는 것이다. 빈손으로 태어나 하나둘씩 채워나가다가 자신에게 주어 진 용량이 다 채워지면 어느 시점부터는 이것을 비워야 공간이 생겨 다른 새로움을 채워나갈 수 있다는 것이다. 그래서 노자는 비움으로 새로운 유용함을 만들 수 있다는 것을 다양한 사물을 비유해서 설명하고 있다. 예를 들어 그릇의 용도는 속이 비었기 에 어떤 물질을 담을 수 있는 것이고, 집의 용도는 건물 안에 방, 거실 등 빈 공간을 만들었기 때문에 사람이 거주할 수 있는 것 이다. 또한 바퀴의 용도는 축이 비었기 때문에 바퀴살이 들어가 수레가 굴러간다는 것이다. 따라서 우리는 학식, 권력, 재물 등 을 많이 획득하는 것도 중요하지만 이것을 단순히 소유하는 것을 포기하고 많이 비워 나갈 때 진정 새로운 가치가 있는 것을 더 많이 채워 쓸모가 생긴다는 것을 생각해볼 필요가 있다.

티베트불교 겔룩파의 교과서 격인 『보리도차제론(菩提道次第論)』(1402)에서는 "죽음에 대한 명상", 즉 염사(念死)의 수행이 완성되었는지 알려고 하면 나에게 재물욕, 권력욕, 명예욕이 남아 있는지 확인해보면 된다고 한다. 꿈속에서도 이런 욕망이 없다면 염사의 수행이 완성된 것으로 보는데, 죽은 나에게 재물이나 권력은 물론이고 생전에 날렸던 그 어떤 명예도 모두 무의미하기 때문이라는 것이다.

정산종사법어: 공수래 공수거(예서, 벌과 잠자리)

III

올바르고 참다운
삶의 시작과 끝

매일을
새로운 마음으로 시작하자

오늘은 어떤 소식이 내 앞에 나타나 내 마음을 움직일까? 우리는 매일 초고속으로 변하는 전 세계의 새로운 소식을 인터넷 또는 매스컴 등을 통해 무엇이든 보고, 배우고, 익히고, 모방하고, 실천하며 살아간다. 내 앞에 직면한 현실에 충실하면서 미래에 대한 긍정적인 사고를 가지고 매 순간 새로운 마음으로 접근해나가는 것이다. 왜냐하면 우리의 삶은 유한하고 지금 이 순간이 지나면 결코 되돌아오지 않기 때문에 더욱 그렇다. 그래서 우리는 어린아이부터 노인까지 매일 만나는 지인 또는 선각자들로부터 보고 듣고 배운 것을 습관화시켜 내 것으로 만들며 희망찬 내일을 창조해나간다. 즉, 우리의 꿈과 희망에 대한 열정으로 획득한 지식과 자산은 가족과 조직, 국가와 세계 인류 발전에 필요한 창의적인 생산물을 만드는 데 많은 부분을 사용하는 것이다. 만약 많은 시간을 가무

　　　　　　　　　　참다운 인생을 위한 21가지 삶의 지혜

에만 탕진하게 된다면 현재보다 더 나은, 업그레이드된 내일을 결코 기대할 수 없다. 주변의 누군가가 매일 새롭고 신선한 시각으로 다양한 인적 네트워크를 구성하여 융·복합된 새로운 사상과 신물질을 발견하는 데 많은 노력을 경주해 인류 발전에 경이적인 결과물을 만들었다면 관련된 지식인과 전문가들이 그들 주변으로 많이 모여들 것이다. 이들에 의해 인류는 정체되지 않고 지속적으로 진보 발전한다. 인류의 꿈과 희망은 무한하지만 실제로 인간이 할 수 있는 일은 한정되어 있다. 그러므로 자신의 능력에 따라 높은 이상을 가지고 최선을 다하는 것이 중요하지만 분수에 넘치고 허황되며 이상적인 기적과 같은 목표는 특별히 천재적인 자질을 타고나지 않았으면 어느 시점에서는 내려놓는 것이 바람직하다.

지구에서는 자연의 이치에 따라 매 순간 새로운 물질이 생성되고 사라지는 일이 반복된다. 인간은 가족, 사회, 국가 내에 존재하는 과거의 습관이나 관습에 얽매이거나 집착해 있으면서 옛 과거의 껍질을 벗지 못하고, 새롭게 다가오는 상황에 신속하게 적응하지 못하면 영원히 생존할 수 없다. 또한 매일 새로워지는 것을 두려워하거나 포기하고 매일 반복되는 평범한 일상 업무에 안주하거나 나태해진다면 우리의 미래는 결코 밝지 않다. 지구에 존재하는 모든 생명체는 자연환경의 변화에 따라 어제와 다른 오늘의 새로운 모습으로 탈바꿈해야 살아남는 것이다. 그래서 인간은 옛것을 연구하여 현재 또는 미래에 도움이 되는 이치를 끊임없이 탐구해 새로운 것을 창조해나간다.

오늘이 어제보다 조금 더 나아지고 조금 더 새로워졌는가? 매일 자문해보고 지속적으로 반성과 평가를 실천해야 한다. 올바르고 바람직한 생활양식은 매 순간 일상을 점검해보고, 지금 하고 있는 일이 보다 더 낫고 풍요로운 삶이 되기 위한 일련의 과정인지 냉정하게 평가하며 성실하게 행동으로 옮기는 것이다. 그렇지 않으면 자신이 원하는 시기에 꿈과 희망을 성취하기 어렵다. 성공하지 못한 사람들은 매번 참신한 계획을 수십, 수백 번 수립한다. 하지만 수년 동안 지속적으로 이어가지 못하고 간혹 몇 주, 몇 달 잘 지키다 결국 포기하고 마는 것이다. 그러나 국내외 역사에 이름을 남기는 사람들은 결코 과거에 머물러 있지 않는다. 또 새로운 것에 대한 도전을 두려워하지 않는다. 이들은 매일 매 순간 자신이 행하는 일을 추진함에 있어 결코 과거에 구속받지 않고 미래지향적으로 전개해나갈 수 있는 새로운 방법을 꾸준히 창출해내는 것이다. 또한 이들은 현실에 만족하지 않고 지속 가능한 미래 먹거리를 위해 끊임없이 자신의 능력과 역량을 다하여 타인으로부터 존경받는다.

참다운 인생을 위한 21가지 삶의 지혜

인간은 매일 앞으로 어떤 일이 일어날 것인지 조직화된 대형 시스템을 가지고 미리 예측하고 대비해나간다. 그렇지만 인간이 개발한 최첨단기기를 통해 예측한 일들조차도 그대로 일어난다고 장담할 수는 없다. 또한 예기치 않았던 천재지변에 의해 많은 것들이 예측했던 것과는 상당히 다른 형태로 나타나기도 한다. 이런 것들을 해결하기 위해 온 인류가 오늘도 쉬지 않고 밤을 설치며 전력 탐구하고 있다. 세계 곳곳에 존재하는 우수한 인재와 천재들이 지금 현시대에 벅차고 해결하기 힘든 이런 목표를 포기하지 않고 새로운 이론과 신기술 발견에 최선을 다하고 있어 만인의 존경을 받는 것이다. 그러나 보통사람은 자신의 지적 능력, 재력, 체력, 연령 등을 감안하여 청·장·중·노년으로 나눠 실현 가능한 꿈과 희망을 새롭게 재정립해나가는 지혜를 갖추는 것이 필요하다. 즉, 에너지가 고갈된 시점에서는 가족과 이웃에 불편과 부담을 주지 않는 범위 내에서 자연의 동식물과 어울려 즐길 수 있는 새로운 일을 찾아 나서는 것이다. 그러면 우리는 매일 새로운 마음으로 소소한 행복을 느끼면서 평화로운 자연의 상태로 편안하게 생활할 수 있다. 결국 모든 인간의 성공적인 삶은 물질적인 것만을 생각하지 않고 생명을 소중히 생각하며 오늘 내가 숨 쉬고 있음에 감사하는 마음 자세를 갖고 따뜻한 감정으로 주변 이웃과 함께 더불어 사는 것이다.

『대학』의 제2장에 고대국가인 상(商)나라를 세운 탕(湯: BC 1600~BC 1589)임금의 이야기 속에 "날마다 새롭고 또 날마다 새롭게 출발하며 날마다 자꾸 진보하면서 끊임없이 보다 나은 사람이 되어가자.(日日新 又日新)"라는 내용이 있다. 탕왕은 평소 자주 쓰는 대야에 이 글귀를 새겨두고 얼굴을 씻을 때마다 마음에 새겼다고 한다.

『논어』에는 오일삼성(吾日三省)이란 말이 있는데 "매일 세 가지를 반성하며 하루의 귀중한 일상을 마감하라."라는 것이다. 공자의 제자 증자(曾子)는 "첫째, 남을 위해 최선을 다했는가? 둘째, 친구와 신뢰를 다했는가? 셋째, 새로운 배움을 완전히 습득했는가?"를 반성하면서 하루를 지냈다고 한다.

중국의 병법서『삼십육계(三十六計)』중에는 금선탈각(金蟬脫殼), 즉 "금빛 매미는 자신의 껍질을 과감하게 벗어던짐으로써 만들어진다."라는 말이 있다. 이와 유사한 고언으로 온고지신(溫故知新), 즉 "옛것을 익혀 새로운 것을 안다."라는 말도 있다. 『명심보감』에서는 "하루라도 마음이 깨끗하고 편안하다면 그 하루는 신선이다.(一日淸閑 一日仙)"라고도 했다.

대학: 일일신 우일신(전서, 말)

분수를 지키면
마음이 편안하고 한가하다

우리는 자신의 위치에 따라 분수에 맞게 자신의 역할을 성심성의껏 수행하고 있는가? 자신의 역량에 맞는 목표를 수립해서 최선을 다하고 있는지 수시로 확인하고 있는가? 이를 확인하고 또 확인해야 한다. 일반적으로 청소년 시기에 부모 등의 도움을 받아 열심히 학업에 매진하여 우수한 학교와 좋은 직업을 구해 독립적으로 자립할 수 있는 기반을 마련하기까지 대략 30년이 걸린다. 장년 시기는 간혹 평생 독신으로 사는 경우도 있지만 통상적으로 영원히 한평생 같이할 배우자를 만나 결혼해서 자녀를 낳고 가족을 위한 의식주를 해결해나가는 단계이다. 중년 시기는 기초적인 가족의 의식주 해결을 넘어 자신이 원하는 직위와 재물을 획득하여 성취감을 높이고 생활을 질적, 양적으로 업그레이드시켜 취미생활 한두 개를 즐기는 가운데 노후생활을

참다운 인생을 위한 21가지 삶의 지혜

준비해나갈 때이다. 중장년 시기를 합쳐 대략 30년이 또 필요한 것이다. 우리나라 기대 평균수명 83.6세(2022)를 기준으로 대략 90년을 산다고 가정한다면 나머지 노년(30년) 시기에는 정신적·물질적·육체적 한계를 감안하여 복잡하게 얽힌 일상생활을 단순하게 간소화시켜 많은 부분을 없애거나 내려놓고 자연과 함께 어울리는 생활방식을 찾아보는 것이다. 이것이 특별히 국내외에 큰 이름을 남기기 위해 노력하는 특별한 사람이 아닌 보통 평범한 사람들이 살아가는 길이다.

보통사람이 자신의 분수에 맞는 역할을 잘 이행한다면 세상일이 뜻하는 바대로 잘 풀릴 것이다. 먼저 가장은 한 가정을 함께 이끌어갈 배우자를 잘 선택해야 한다. 부부는 자신들뿐만 아니라 가족 구성원이 꿈과 희망을 마음껏 펼칠 수 있도록 편안한 안식처인 화목한 가정을 함께 만들어나가는 중요한 사람이기 때문이다. 또한 형제·자매·남매, 부자지간은 한 뿌리에서 파생된 줄기와 핏줄로 맺어진 뜨거운 혈연관계이므로 외부인 누구보다도 우선 따뜻한 애정으로 희노애락(喜怒哀樂)을 같이 나누도록 한다. 자신의 꿈과 희망을 성취하는 과정에서 수많은 사람과 경쟁해야 하므로 경우에 따라서는 많은 지식이 필요할 때가 있고, 강철 같은 튼튼한 육체 또는 전문적인 기능과 예술적 감각이 필요할 때도 있다. 국내외 최고 정상의 자리는 어떤 분야든 밤낮으로 피와 땀을 흘리지 않고는 손쉽게 얻을 수 있는 것이 결코 없으므로 어릴 때부터 자신의 재능과 역량을 최대한 발휘하는 것이다. 또한 기관이나 국가를 관리하는 사람은 자신과 조직원이 자유롭게 능력을 발휘하여 각각의 목표를 동시에 성취할 수 있도록 기회의 장소와 문화공간을 만들어 서로 '윈윈'할 수 있도록 리드해나가야 한다.

그러나 인간이 아무리 노력해도 하늘의 운이 따르지 않으면 이룰 수 없는 기적과 같은 일은 높은 학력, 지식, 지혜, 재물, 건강, 재능 등이 있다 해도 해결할 수 없다. 그러므로 기적과 같은 이상적인 꿈과 희망은 에너지가 왕성할 때까지 한 번쯤 최대한 노력해보고 어느 시점에서는 현실적으로 실현 불가능한 목표를 내려놓고 하늘의 뜻에 맡기는 것이다. 특히 보통사람은 자신이 타고난 본성과 재능을 잘 활용해서 최선을 다해 얻은 결과물이 많든 적든 그것에 만족하며 살아가는 것이 심적으로 풍족한 삶을 영위하는 것이라는 진리를 깨닫고 당당하고 떳떳하게, 자유롭고 편안하게 살아가는 지혜를 갖추는 것이 필요하다. 그러면서 한평생 얻은 성취물이 자신의 분수에 넘치고 남는 것이 있다면 주변 이웃들과 나눠 사용하는 것이 더할 나위 없는 올바른 마음 자세이다. 지나친 과욕보다 조금 모자라는 것이 우리의 삶에 활기를 더 많이 넣어준다는 것을 이해할 줄 알아야 한다는 것이다. 세월이 흘러 노년기에 다가갈수록 마음과 몸을 괴롭히는 노여움이나 이치에 맞지 않는 잡념은 가능한 적게 하고 평상시 건강관리를 잘해서 가까운 이웃과 함께 원하는 취미와 문화생활을 즐기면서 노인병, 우울증 등 잔병치레를 자주 하지 않도록 노력하는 것이 최고의 삶이다. 우리가 평생 열심히 노력해 획득한 지식, 재물, 권력, 권위, 명예 등이 아무리 많고 높을지라도 세상을 하직할 때에는 빈손으로 떠나는 것이다. 그렇지만 인간은 태어난 위치보다 훨씬 나은 미래를 상상하며 현실에서 부딪치는 고통과 고뇌를 이겨내면서 너 나 할 것 없이 최선을 다해 열심히 살아간다.

자연 속에 존재하는 모든 것이 정체되어 있지 않고 시간이 지나면 변하듯이 결국 인간 역시 끊임없이 변한다. 어제의 갑부가 빈털터리 거지가 되고, 삼시세끼 잘 먹지 못하던 가난뱅이가 복권에 당첨되거나 희귀한 물건을 얻어 어느 날 갑자기 벼락부자가 되기도 하듯이 부귀영화는 한곳에 정체해 있지 않는다. 우리가 자신의 위치와 분수에 맞는 행동을 취하고 최대한 노력을 다하면서 세상의 물정을 이해하고 인정한다면 아무리 힘들고 견디기 어려운 고난과 역경도 언젠가는 사라지고 희망찬 내일이 밝아온다. 즉 삶, 죽음, 인연, 만남, 부귀영화는 한곳에 머물러 있지 않고 변하면서 끊임없이 앞으로 나아가므로 오는 것을 막을 수도 가는 것을 붙잡을 수도 없는 것이 세상의 이치라는 것이다. 모든 사람은 여러 부류의 사람들과 매일 어깨를 부딪치며 자신이 존재하는 현실 속에서 다양하고 소박한 꿈과 희망을 성취해나간다. 따라서 우리는 주변으로부터 인정받고 칭찬받기 위한 수동적인 삶이 아니라 사회 공동체 이익에 도움이 되는 자신의 꿈과 희망을 꿋꿋하게 실천해나가는 능동적인 삶을 살면서 이웃과 따뜻한 감정으로 더불어 살아가는 이상적인 세상을 만들어가도록 노력하는 것이다. 그러면 우리는 복잡하게 얽힌 일상생활을 쉽게 벗어나지 못할지라도 자연속의 동식물과 함께 어울리며 평화롭게 살아가는 자연인과 같이 지루한 일상을 벗어나 즐겁고 행복한 삶을 영위하는 보람을 느끼면서 살아갈 수 있을 것이다.

『명심보감』의 「안분음(安分吟)」에 "편안한 마음으로 분수를 지키면 몸에 욕됨이 없을 것이요, 세상이 돌아가는 형편을 잘 알면 마음이 스스로 한가하나니, 비록 인간 세상에 살더라도 도리어 인간 세상에서 벗어나는 것이다.(安分身無辱 知機心自閑 雖居人世

上 却是出人間)"라고 했다.

노자는 "만족하고 물러설 줄 알며 치욕을 당하지 않고, 멈출 줄
알면 위태롭지 않고, 오래 지탱할 수 있다.(知足不辱 知止不殆 可以
長久)"라고 했다.

명심보감: 안분신무욕 지기심자한 수거인세상 각시출인간(예서, 수선화)

참다운 인생을 위한 21가지 삶의 지혜

평상시 참다운 삶이
무엇인지 생각해보자

우리가 말하고 듣고, 글을 읽고 쓰는 순간부터 다양한 인적 교류와 독서를 통해 지금 나의 위치에서 어떻게 사는 것이 올바르고 참다운 삶인지 고민하게 된다. 어떤 분야에 종사하든 대략 국내외에서 0.1~0.01% 이내에 들어가야 각 분야에서 큰 성과물을 일궈낸 유명 인사로 인정받을 수 있을 것이다. 이들은 태어날 때부터 선천적으로 권력, 재물, 재능 등을 가지고 있을 수도 있고 후천적 노력으로 만들 수도 있겠지만 대부분 남들에 비해 말보다는 많은 행동으로 실천했기 때문에 이와 같은 성과가 가능했을 것이다. 그러나 이들 역시 유한한 삶을 살기 때문에 결코 모든 분야를 섭렵할 수는 없으므로 이들 모두가 성인인 예수나 부처와 같이 평생 올바르고 참다운 삶을 살았다고 볼 수도 없는 것이다. 반면에 유명 인사는 아닐지라도 자신이 태어난 위치에서 좀 더 나은 위치로 나아가 성공한 보통사람이 타인을 더 많이 배려하고 사랑과 자비를 베풀면서 올바르고 참다운 삶을 살아온 경우가 더 많기 때문에 인류가 멈추지 않고 진보해왔고 앞으로도 진보하며 발전해나가는 것이다. 이들은 평상시 미래지향적인 사고방식을 갖고 긍정적이면서 능동적인 자세로 매 순간 최선의 길을 선택해 과거보다 훨씬 나은, 평화롭고 공정하며 정의로운 사회를 만들어나가는 데 필요한 작은 성과물을 꾸준히 창조해낸다. 이것들이 모이고 모여 큰 성과물이 되어 국내외 역사가 조금씩 발전해나가는 것이다. 특히 어려운 여건 속에 태어나 성공한 사람은 어릴 때부터 어느 한 분야에 실패를 두려워하지 않고 어려움을 극복하면서 근면성실하게 행동했기 때문에 성공이 가능했던 것이다. 그러므로 우리는 아무리 작고 보잘것없는 목표일지라도 자신이 선택한 분야에 온 정신을 집중해 실천으로 옮겨야 한다. 그리고 어떤 고난이 닥친다 해도 중간에 절대 포기하거나 멈춰서는 안 된다. 삶의 과정은 고통, 고뇌, 슬픔, 노여움, 불안, 욕망, 희망, 꿈, 행복, 기쁨, 즐거움 등 복잡한 감정이 뒤섞여 많은 일들이 수시로 일어나므로 매 순간 일비일희(一悲一喜)하여 마음이 동요되거나 흔들리지 말고 평상시 마음으로 자신이 꿈꾸던 아름다운 꿈과 희망을 위해 꾸준히 전진 또 전진하는 것이다. 우리가 평범한 일상 속에서도 자신이 행한

참다운 인생을 위한 21가지 삶의 지혜

말과 행동 중 한 가지라도 덕이 많고 지혜로운 성인들이 행한 것을 하나둘씩 따라 실행으로 꾸준히 옮기다 보면 큰 성인은 아닐지라도 작은 성인으로 거듭 성장해나갈 것이다. 참다운 삶을 위한 올바른 행동양식은 많은 지식, 권력, 직위, 재물, 명예 등을 얻는 것도 중요하지만 천명을 다할 때까지 건강한 체력을 유지하면서 정신적·정서적으로 안정을 찾아 가족 또는 주변 이웃으로부터 존경받으며 평화롭고 행복한 삶을 누리도록 행동하는 것이 중요하다.

삶을 살아가다 보면 남들보다 유리한 입장에 있을 수 있는데 이때 너무 잘난 체하거나 뽐내면서 건방지게 행동하면 자만에 빠지게 된다. 세상일은 항상 정체되어 있는 것이 아니라 주변 여건에 따라 유불리가 바뀌어 어제의 갑이 오늘의 을로 변하는 경우가 많이 생기기 때문에 자만하면 안 되는 것이다. 따라서 타인보다 유리한 위치에 있을 때는 낮은 자세로 임하도록 노력하고 어떤 말을 전달할 때는 명확하고 분명하게 말해야 한다. 또한 우리는 이 지구상에 존재하는 모든 물체 중에 자신보다 중요한 것은 없으므로 지식이나 권력, 재물 등이 부족하다고 자신의 정체성까지 잃어가면서 비굴하게 자신을 너무 낮춰 처신할 필요도 없는 것이다. 특히 삶을 살아가는 과정에서 수시로 나타나는 현상을 타인과 비교해서 조금 부족하다고 비관하거나 자신의 유일한 존재가치를 스스로 잃지 않도록 노력해야 한다. 그러므로 타인으로부터 어떤 얘기를 듣고 보았을 때는 바로 행동으로 옮기지 말고 그것이 사실인지 먼저 확인하고 심사숙고한 다음, 이것이 현재 또는 미래에 자신이나 주변 공동체에 도움이 되는 발전적인 것이라고 판단이 되었을 때는 과감히 행동하도록 해야 한다. 즉, 자신이 평상시 생각하고 있던 보편적이고 상식적인 삶의 이치에 벗어나지 않았다고 생각이 들 때 자부심과 긍지를 가지고 행동해도 늦지 않는다는 것이다. 이런 행동이 결코 쉬운 판단과 선택이 아닐지라도 매 순간마다 이를 결정하는 훈련을 일상생활 속에서 익숙해지고 습관화되도록 노력해야 하는 것이다. 그러면 자신이 원하는, 올바르고 참다운 삶을 찾아갈 수 있는 지름길이 열린다. 결국 우리는 모든 일을 침착한 마음으로 냉정하게 판단해 말을 많이 하는 것보다 실천을 많이 하면서 가능한 벙어리처럼 침묵하고, 한때는 참기 어려운 분노도 내일을 위해 삼킬 줄도 알고, 이를 용서하고 포용하는 지혜를 끊임없이 배워나가는 것이다.

인간의 욕망은 끝이 없어 자신이 선택한 분야에서 누구나 최고 정상이 되기를 희망하지만 1등은 오직 한 명뿐이고 나머지는 2

등, 3등, 혹은 꼴찌가 되는 것이다. 즉 모든 개인·조직·국가·세계는 어느 것이든 1등만으로는 절대 존재할 수 없고 2등, 3등, 꼴찌가 각 분야에 골고루 피라미드 형식으로 구성되어 있어야 건전하고 건강한 사회로 발전할 수 있는 것이다. 정보통신기술이 빠르게 변하는 21세기에는 새로운 시대에 적합한 지식, 기술, 기능 등을 신속히 습득해야 자신이 원하는 세계 최고 정상에 우뚝 서서 다른 사람이나 국가를 선도해나갈 수 있다. 각 분야를 선도해나가는 리더는 그 분야의 구성원이나 조직원들이 개인 능력을 자유롭게 발휘할 수 있도록 만들어주고, 소속된 조직의 지속 가능한 미래 비전과 자신의 꿈을 소리 소문 없이 동시에 성취할 수 있도록 이끌어가는 것이다. 또한 훌륭한 리더는 무한경쟁 시대에 빠른 속도로 변하는 새로운 정보를 신속하게 입수해 자신만 알고 자신만 좋아하는 것보다 주변 사람들이 함께 편하게 즐길 수 있도록 이것들을 정밀하고 세밀하게 가공해내는 지혜를 갖추고 있는 것이다.

만물의 영장인 인간은 우수한 지능과 무한한 꿈과 희망을 가지고 아주 먼 옛날부터 현재까지 개인의 타고난 재능과 뜨거운 열정을 현시대에 맞게 어떻게 잘 활용했는가에 따라 빈부격차가 생겨났고, 종족의 존폐 여부가 결정되어왔다. 때로는 하늘이 내려준 행운으로 부귀영화를 얻기도 하지만 대부분 자신의 노력에 의해 어려운 역경과 고난을 이겨내고 우수하고 훌륭한 인재로 변신해 타인이나 조직을 이끌어가는 것이다. 어찌되었든 우리가 획득한 부귀영화가 자신이 원하는 목표치를 넘어 여유분이 생긴다면 권력과 재물 등에 연연하지 말고 열심히 살고자 노력하는 사람들을 위해 재물이나 재능을 기부하거나 남모르게 도와주는 것이 참다운 삶을 살아가는 올바른 행동양식이다. 그러나 경제적 여유와 권력이 없다고 타인을 도와줄 수 없는 것도 아니다. 태어날 때부터 가지고 있는 인간의 선한 마음을 가지고 작은 선행을 일상 속에서 습관화시킨다면 자신보다 어렵고 힘든 이웃에게 따뜻한 마음으로 정서적·육체적인 도움을 줄 수 있는 일들을 주변에서 얼마든지 발견할 수 있다. 돈 없이도 행할 수 있는 선행은 지식과 재물의 많고 적음, 권력과 권위의 있고 없음이 아니라 주변 이웃을 도와주고 베풀고자 하는 마음 자세에 달려 있는 것이다. 모두가 이런 마음을 갖고 여럿이 모여 사는 사회 공동체 생활을 구성해나간다면 평화롭고 편안하며 이상적인 사회가 자연스럽게 형성된다. 그러면 유사한 마음을 가진 사람들 간에 입소문이 퍼져 먼 지역이나 나라에서도 지체하지 않고 자신에게 한걸음에 달려와서 결코 외롭게 지내는 일은 없을 것이다. 즉, 같은 성격이나 성품 혹은 마음을 가진 사람들

참다운 인생을 위한 21가지 삶의 지혜

끼리 모여 생활하게끔 되어 있다는 말이다. 그럼에도 불구하고 이 지구상에는 다양한 사람들이 서로 다른 관습, 사상, 종교, 습관 등을 가지고 생활하고 있으므로 서로 도와줄 수 없는 곳도 많이 있다. 따라서 보통사람은 자신과 가까운 친인척을 돌보고 사랑과 자비를 우선 나누면서 선행의 폭을 점점 넓혀 자신이 거주하는 이웃, 소속되어 있는 조직이나 국가, 세계 인류 발전을 위해 노력해나가는 것이 올바른 삶을 살아가는 방법 중 하나일 것이다. 인간은 다른 생명체와는 달리 도덕과 법칙을 준수하고 기본적인 윤리와 인간적인 삶의 가치를 찾으며 최고 정상의 자리를 향해 꾸준히 배우고 실천해나가는 것이다. 이런 삶의 과정 중에 학습한 내용을 자신의 몸에 습관화·내면화시킨다면 정신적·정서적·물질적·육체적으로 강하고 안정된 삶을 평생 찾아가면서 참다운 삶에 대한 꿈과 희망은 결코 멈추지 않고 지속적으로 발전해나갈 것이다.

인간은 이 지구상에 존재하는 높은 하늘과 넓은 대지, 신선한 공기와 깨끗한 물, 해와 달, 다양한 동물과 식물과 어우러져 대자연 속에 공존하며 살아간다. 즉, 우리는 인간의 힘으로 만들 수 없는 자연현상을 그대로 받아들이고 즐기면서 끊임없이 변하는 시대에 맞는 형식에 잘 대응해야 어느 생명체들과 같이 자연 생태계에서 영원히 살아남을 수 있다. 대자연 속에 존재하는 거대하고 웅장한 호수나 폭포수, 그리고 수백 킬로미터를 깎아지른 절벽과 계곡 혹은 동굴의 모양, 형태, 지형 등을 매스컴을 통해 보거나 현장을 직접 방문해 그 앞에 서 있으면 왠지 인간의 모습이 아주 작아 보이고 압도당한다. 인류가 탄생하여 피와 땀으로 획득한 크고 작은 결과물들로 인해 세상은 수백만 년 전부터 끊임없이 변화해왔고 앞으로도 변해갈 것이다. 에너지가 고갈되는 어느 시점에서는 우리가 평생 성취한 지식, 재물, 지혜, 권력 등에 너무 연연하지 않고 자신의 분수에 맞게 획득한 결과물에 만족하고, 자연 생태계의 변화와 함께 공존하며 즐겁고 행복하게 살아가는 방법을 찾아가는 것이다. 즉, 부귀영화가 없어도 마음껏 자유롭게 느낄 수 있는 대자연의 신비로움과 아름다운 모습을 수시로 상상하며 어제의 내가 아닌 오늘의 참신한 내 모습으로 매일매일 변신하며 편안하고 평화로운 삶을 자연과 함께 더불어 살아가는 길이 바람직한 생활양식이라는 것이다.

결국 특별한 인재와 영재가 아닌 보통사람이 찾아 나서는 참다운 삶이란 어느 곳에 태어나든 태어날 때의 위치나 수준보다 훨씬 나아진 행복하고 편안한 생활을 위한 목표를 조금씩 꾸준히 성취해나가는 과정이다. 이런 삶의 과정에는 항상 고통과 고뇌가 존재하므로 인내심을 갖고, 참고 이겨내면서 근면하고 성실한 자세로 받아들이는 것이다. 우리는 자신이 설정한 목표가 조금 허황되거나 이상적인 높은 꿈과 희망일지라도 젊고 혈기왕성한 시기에 이를 잘게 쪼개 작은 것부터 정신을 한곳에 집중하여 정성껏 다듬어가면서 큰 목표로 발전시킬 수 있도록 온 정성을 다해보는 것이다. 즉, 유명 인사 또는 옛 성인들이 평상시 행동한 생활양식을 열심히 배우고 모방하고 실천하면서 그들의 발자취를 좇아가다 보면 자신도 모르게 가족이나 조직을 리드하는 입장으로 변해간다. 그러면 주변에서 뜻을 같이하는 유사한 사람이 하나둘씩 모여 작은 집단이 큰 집단으로 성장하고 발전해가는 것이다. 선천적이든 후천적이든 자신이 선택하고 결정한 일에 어느 정도 숙달이 되어 배우는 입장에서 벗어나 가르치거나 리드해나가는 위치에 도달하면 남들 모르게 조용히 일을 창의적으로 처리하거나 선도하는 방법도 익혀나간다. 그러면서 자신의 역량이나 재능 등을 냉철히 분석하고 판단해 자신의 능력으로는 원하는 목표물을 성취하기 어렵다고 생각이 드는 어느 시점에서는 이를 내려놓고 후손들의 과제로 남겨두는 지혜도 갖춰야 한다. 이것이 참다운 삶을 살아가는 지름길인 것이다.

세상에서 일어나는 모든 일에는 인간이 할 수 있는 일과 하늘만이 할 수 있는 기적과 같은 일이 있으므로 자신의 꿈과 희망에 최선을 다해 얻은 결과물에 만족하면서 건전한 정신과 건강한 육체로 주변 사람들과 함께 즐기는 방법도 배워나간다. 현대 사회에서는 다국적, 다문화의 다양한 삶 속에 녹아 있는 정답 없는 삶을 함께 살아가고 있으므로 각 개인의 생각이나 취향이 다르다는 것을 서로 인정해야 한다. 그리고 인간답고 참다운 삶을 살아가는 생활양식 역시 다름을 인정하면서 자신의 분수를 지키며 외부 요인이나 타인의 생각에 관습적으로 휩쓸리지 않도록 한다. 인간은 빈손으로 태어나서 빈손으로 떠난다는 자연의 이치를 깨닫고 매일 새롭고 산뜻한 마음으로 시작하여 지금 이 순간 자연과 함께 공존하며 숨 쉬고 있음에 감사하며 살아가는 것이다. 그러면서 매 순간 자신이 선택한 최선의 방법으로 끝없이 이어지는, 자유롭고 평화로우며 올바르고 참다운 삶을 찾는 데 최선을 다하고 아름다운 마무리를 준비하는 것이다.

노자는 『도덕경』 제8장에서 "최상의 선은 물과 같다.(上善若水)"라고 했다. 이 물은 둥글거나 네모진 것, 항아리나 접시 같은 그릇, 깊고 얕은 곳, 직선형 물길이나 구불구불한 나선형 물길에 관계없이 어떤 형태도 가리지 않고 필요한 만큼 채워주며 항상 낮은 곳으로 흘러간다. 또한 만물을 이롭게 하면서도 자기를 내세우지 않으며, 남과 다투지 않고 부드러우며 겸손하기까지 한 것이다. 이것은 노자의 철학 일부로서 물은 만물을 길러주고 키워주면서 자신의 공을 남과 다투거나 경쟁하지 않는다는 것이다. 또한 물은 모든 사람들이 좋아하지 않는 낮은 곳으로 임하면서 연못처럼 깊은 마음을 가지고 누구에게나 은혜를 베푸는 겸손의 철학이기도 한 것이다. 현세와 같이 자신의 공을 내세워 자랑하기 바쁘고, 남보다 위에 앉아 군림하기를 좋아하는 세태(世態)를 다시 한번 생각하게 하는 고언인 것이다.

『명심보감』에 수록된 「경행록」에서 이르기를, "만족함을 알면 가히 즐거울 것이요, 욕심이 많으면 곧 근심이 있다.(知足可樂 務貪則憂)"라고 했다. 이 말은 인간이 만족하지 못하고 현재를 즐길 줄 모르면 부귀를 누려도 끝없는 욕심 때문에 늘 근심을 갖고 생활하게 된다는 것이다.

맹자의 「만장편(萬章編)」에는 "인위적으로 하려던 일이 아닌데 저절로 되는 것은 하늘의 뜻이요, 원하지 않았는데 닥쳐오는 것은 운명이 하는 일이다.(莫之爲而爲者 天也 莫之致而至者 命也)"라는 말이 있다. 이것은 인간의 수명이나 삶의 궤도는 초인적인 어떤 힘에 의해서 이미 결정되어 있는 것이며, 인간이 아무리 의지적으로 노력하고 발버둥을 쳐도 결코 그것을 벗어날 수는 없다는 말이다.

『무소유』, 『오두막 편지』 등 30여 권의 책을 발간한 법정 스님(1932~2010)은 "참다운 삶이란 욕구를 충족시키는 생활이 아니라 의미를 채우는 삶이어야 한다. 소유란 손 안에 넣는 순간 흥미가 사라지므로 소유로부터 자유로워야 한다. 말이 많은 사람은 그의 내면이 허술하기 때문에 행동보다 말을 앞세운다. 날 때부터 천한 사람이 되는 것도 날 때부터 귀한 사람이 되는 것도 아니다. 오로지 그 실천 행위로 말미암아 천한 사람도 되고 귀한 사람도 되는 것이다. 자기 분수를 모르고 남의 영역을 침해하면서 욕심을 부린다면 자신도 해치고 이웃에게도 피해를 입히기 마련이다. 우리가 전문 지식을 많이 익히고 그 길에 한평생 종사하는 것도 그런 삶이 자신에게 주어진 인생의 몫이기 때문이다."라고 말했다.

마빈 토카이어가 지은, 유대인의 정신적 지주이자 생활규범인 『탈무드의 지혜』에서는 "이 세상에 가장 현명한 사람이 누구인가? 모든 사람들로부터 배울 수 있는 사람이다. 이 세상에서 제

일 강한 사람은 누구인가? 자기 자신을 스스로 절제할 수 있는 사람이다. 그리고 이 세상에서 가장 풍족한 사람은 누구인가? 자신이 가진 것으로 만족할 줄 아는 사람이다."라고 했다.

참다운 삶(흘림체, 학)